完全対策!

漢字検定

模擬試験問題集

4級

大阪市立大学名誉教授
大内田 三郎 著

駿河台出版社

まえがき

本書は、日本漢字能力検定協会が実施している漢字検定試験の合格を目指す受験者のために、その準備と対策ができるように編集した模擬試験問題集です。

平成四年に当時の文部省（現 文部科学省）から検定試験が認可されて以来、志願者数が年々増加し、平成二〇年には二八〇万人を超えたといいます。その志願者数急増の背景には、国民の漢字に対する興味や関心が高まり、自分の漢字能力を客観的な評価基準で試したいと考えているからでしょう。漢字検定の社会的な評価が高まるにつれて、学校や企業などの団体受験も増えています。学校では、合格者は大学受験や高校受験で優遇される制度が広がりつつあり、企業では、社員が合格すると有資格者として優遇されるなどの利点があります。

本書は、これから受験しようとしている受験者のための問題集ですので、試験前にまず本書を参考に自分の実力をチェックし、自分の弱点がどこにあるかを確認し、それを克服するように心掛けてください。

多くの受験者が本書を利用して、受験する級に合格されんことを心から願っています。

最後になりましたが、本書の刊行にあたり、社長の井田洋二氏と編集部の猪腰くるみ氏に多大の協力をいただきました。心から謝意を表します。

九月一日

著　者

目次

（三）模擬試験

別冊

(一) 試験実施要項

1 受験資格

制限はありません。検定時間が異なれば4つの級まで受験できます。受験には個人受験と団体受験があります。

2 実施級

1級　準1級　2級　準2級　3級　4級
5級　6級　7級　8級　9級　10級

3 検定実施日

検定実施日は、原則として毎年
第1回　6月中の日曜日
第2回　10月中の日曜日
第3回　翌年1月か2月の日曜日

4 検定会場

全国主要都市約180か所（願書に掲載されている）

5 検定時間

4級は60分

6 検定料

検定料は変更されることがあるので、日本漢字能力検定協会のホームページ（http://www.kanken.or.jp/）で最新情報を確認してください。

7 合格基準と合否の通知

合格の目安は正解率70%程度です。200点満点ですから、140点以上取れば合格の可能性があります。

検定の約40日後を目安に、合格者には合格証書、合格証明書と検定結果通知が、不合格者には検定結果通知が郵送されます。

8 申込方法

1 取扱書店（大学生協を含む）

取扱書店で願書を入手し、書店で検定料を支払う。必要事項を記入した願書と書店払込証書を日本漢字能力検定協会に送付すると、受験票が届く。

2 郵　送

日本漢字能力検定協会に願書を請求して必要事項を記入後、検定料を添えて協会に現金書留で送ると、受験票が届く。

3 インターネット

http://www.kanken.or.jp/

日本漢字能力検定協会ホームページにアクセスし、必要事項を入力。検定料を支払うと、受験票が届く。

4 携帯電話

http://www.kentei.co.jp/

webで検定onラインにアクセスし、必要事項を入力。払込用紙が送付されてくるので、検定料を支払うと、受験票が届く。

ほかにも、セブン-イレブン、ローソンからも申し込み可能。

9 問い合わせ先

財団法人　日本漢字能力検定協会

〈京都本部〉〒600-8585

京都市下京区烏丸通松原下る五条烏丸町398

TEL：075-352-8300

FAX：075-352-8310

〈東京事務所〉〒100-0004

東京都千代田区大手町2-1-1

大手町野村ビル

TEL：03-5205-0333

FAX：03-5205-0331

電子メール　info01@kanken.or.jp

(二) 出題傾向と学習ポイント

(一) 漢字の読み

4級の出題対象になる漢字は、4級配当漢字3１6字が中心で、小学校で習う教育漢字1００6字のうち中学校で習う読み2０5字が含まれます。これらの漢字に対する知識を深め、文章の中で果たしている役割を正しく理解する必要があります。

この分野は、短文中の漢字の音読みと訓読みを答える問題です。出題は4級配当漢字3１6字が中心ですが、特殊な読み、熟字訓、当て字も出題されますので注意が必要です。

特殊な読みとは，「雨雲」（あまぐも）、「兄弟」（きょうだい）、「留守」（るす）、「酒屋」（さかや）のような「常用漢字表」で示された特別なもの、または用法のごく狭い音訓です。

熟字訓、当て字とは「常用漢字表」にある「付表」です。熟字訓や当て字など、主として一字一字の音訓として挙げにくいものを語の形で示したものです。例えば、「明日」（あす）、「景色」（けしき）、「時計」（とけい）、「部屋」（へや）などです。

最近の出題傾向として、二字熟語の音読みが約20問、一字の訓読みが約10問出題されます。

(二) 同音・同訓異字

この分野は、3組の短文中にある同じ読みで異なる漢字を選択肢の中から選んで答える問題です。問題漢字は4級配当漢字3１6字が中心です。出題傾向として同音異字が主に出題されますが、一部同訓異字も含まれますので注意が必要です。また、(一)のように特別な読みや熟字訓・当て字などもいくつか出題されることがあります。

(三) 漢字の識別

この分野は、3つの空欄に共通する漢字を選択肢の中から選んで熟語を完成させる問題です。選択する漢字は必ずしも同じ読みとは限らず、訓読みの場合もありますので注意が必要です。

（例）鬼才（きさい）鬼神（きしん）赤鬼（あかおに）

㈣ 熟語の構成

この分野は、二字熟語を構成する二字の漢字が、次に示す「ア〜オ」の5つの分類のうち、どの関係で結び付いているのかを問う問題です。

（ア）同じような意味の漢字を重ねたもの
（例：道路）
（イ）反対または対応の意味を表す字を重ねたもの
（例：前後）
（ウ）上の字が下の字を修飾しているもの
（例：紅葉）
（エ）下の字が上の字の目的語・補語になっているもの
（例：育児）
（オ）上の字が下の字の意味を打ち消しているもの
（例：無害）

㈤ 部 首

この分野は、問題となる漢字は主に4級配当漢字3〜6字から出題されますが、その漢字の部首を選択肢の中から選ぶ問題です。出題傾向として、わかりやすい一般的な漢字よりは部首の判別が難しい漢字がよく選ばれます。また、漢字自体が部首の漢字も出題されますので注意しましょう。例えば、「玄」、「鼓」、「香」、「斗」などがそうです。

㈥ 対義語・類義語

この分野は、対義語・類義語が出題され、その問題の熟語に対して熟語の一字が空欄になっていて、そこにあてはまる適当な語（ひらがな）を選択肢の中から選んで漢字に直す問題です。

対義語・類義語も熟語の知識として大切なものです。対義語にはその組み合わせに共通する字がある「主観―客観」「有名―無名」のようなものと、「原因―結果」「理想―現実」のように共通する字がなく正反対ではないが対の関係にあるものがあります。したがって、対義語は二字熟語の組み合わせに注意して覚えると効果的です。

類義語は対義語と異なり、意味が似ていても用い方が違うなどの幅広い熟語が含まれます。そのため一つの熟語に対して「判断」「決断」「決定」「断定」「判定」「予断」のように類義語が多数あるものもあります。したがって、類義語を覚えることは語い力を確実に高める効果があります。

(七) 送りがな

この分野は、短文中のカタカナの部分を漢字一字と送りがなに直して書く問題です。４級配当漢字３１６字を書かせる問題が中心です。
送りがなとは、漢字の誤読、難読のおそれがないように、漢字の次に添えるかなのことです。送りがなの付け方は「送り仮名の付け方」によりますので、基本的な原則を覚えておきましょう。
送りがなの主な原則
本則を基本として押さえる必要がありますが、例外は本則によらないものですので、特に注意しましょう。

(一) 活用がある語は、活用語尾を送る。
書く　催す　生きる　考える　賢い　荒い
[例外]
語幹が「し」で終わる形容詞は「し」から送る。
恋しい　珍しい　著しい
活用語尾の前に「か」「やか」「らか」を含む形容動詞は、その音節から送る。
静かだ　穏やかだ　明らかだ
(2) 副詞・連体詞・接続詞は最後の音節を送る。
必ず　更に　既に　再び　全く　最も
[例外]
大いに　直ちに　並びに　若しくは

(八) 四字熟語

この分野は、四字熟語のうち、カタカナになっている部分を漢字一字に直し、四字熟語を完成させる問題です。

四字熟語に出題されるのは主に故事成語および一般用語です。故事成語は「一触即発」「危機一髪」などのように中国の古典に由来するものが多い。そのほかに「悪戦苦闘」「意志薄弱」など一般用語の四字熟語も多く出題されますので、新聞、雑誌などを読み、意味を調べる習慣をつけましょう。

(九) 誤字訂正

この分野は、短文中の漢字のうち間違って使われている漢字一字を正しい漢字に書き直す問題です。間違った漢字とは同じ読みで形も意味も違った漢字を指します。間違って使われている漢字は4級までの漢字で、実際に書くのは5級以下の漢字です。

問題文は、政治、経済、社会などの分野にわたるものが多く、日頃から新聞や雑誌などを読む習慣をつけましょう。

(十) 漢字の書き取り

この分野は、短文中のカタカナを漢字に直す問題です。漢字は主に4級配当漢字から出題され、音読み、訓読み、特殊な読み、当て字などがすべて正しく書けることが求められます。漢字は「止める・跳ねる」「つき出す・つき出さない」「つける・はなす」「画の長短」など正しい筆順で明確に書く必要があります。くずした漢字や乱雑な書き方は採点の対象にはなりませんので特に注意しましょう。

最近の出題傾向として、二字熟語の音読みが約3分の2、一字の訓読みが約3分の1出題されます。

（三）模擬試験

第1回 模擬試験

試験時間 60分

合格基準 140点

得点 /200点

（一）

次の――線の漢字の読みをひらがなで記せ。

30点 1×30

1 山で**新鮮**な空気を吸う。
2 **歓喜**のあまり涙をこぼす。
3 友達と将来の**抱負**を語る。
4 自然の環境を**破壊**から守る。
5 コンピューターに**記憶**させる。
6 交番へ**拾得**した物を届ける。
7 今度対戦するチームは**強豪**だ。
8 対立していた両国が**握手**する。
9 兄は大学で経済を**専攻**しています。
10 ちょっと危険だが**冒険**してみよう。
11 その品物は見本と**相違**している。
12 **鋭意**品質の向上に努めております。
13 シーソーゲームに観衆は**熱狂**した。

（二）

次の――線のカタカナにあてはまる漢字をそれぞれのア～オから一つ選び、記号を記せ。

30点 2×15

1 辞書の**カン**修をする。
2 遠来の客を**カン**待する。
3 宝石の**カン**定を依頼する。
（ア 巻　イ 鑑　ウ 干　エ 監　オ 歓）

4 この雑誌は家庭直**ハン**です。
5 展示会場へ作品を**ハン**入する。
6 彼女は**ハン**忙な毎日を送っている。
（ア 班　イ 搬　ウ 犯　エ 繁　オ 販）

7 **コウ**生して社会復帰をめざす。
8 **コウ**行な息子さんでうらやましいですね。
9 この規則はほとんど実**コウ**がない。
（ア 孝　イ 更　ウ 紅　エ 効　オ 航）

10 **シン**食を忘れて研究に没頭する。

14 この文章の**趣意**はよく理解できる。（　　）
15 テレビの電波を通信衛星で**中継**する。（　　）
16 外国の政治に**介入**するのはよくない。（　　）
17 地方裁判所は住民の訴えを**却下**した。（　　）
18 市場には**威勢**のいいかけ声が飛び交う。（　　）
19 帰りがおそくなることを家に**連絡**する。（　　）
20 品物を売りさばくために**販路**を開拓する。（　　）
21 家族の幸せを心から**祈**る。（　　）
22 不景気で店が**暇**になった。（　　）
23 本を読んで知識を**蓄**える。（　　）
24 コーヒーの**香**りがただよう。（　　）
25 今日一日中とても**忙**しかった。（　　）
26 遺跡を地図をたよりに**尋**ねる。（　　）
27 借りたカメラなのでていねいに**扱**う。（　　）
28 子は母親に**抱**かれてすやすやと眠る。（　　）
29 火山が噴火口から有害なガスを**吐**く。（　　）
30 兄はスポーツのことなら何でも**詳**しい。（　　）

11 失敗しないように**シン**重に事を運ぶ。（　　）
12 書物を読んで**シン**遠な思想にふれる。（　　）
（ア進　イ深　ウ寝　エ神　オ慎）

13 親から財産を受け**ツ**いだ。（　　）
14 風雨を**ツ**いて出かけて行った。（　　）
15 なかなか希望する職に**ツ**けない。（　　）
（ア突　イ継　ウ次　エ就　オ付）

（三）

1～5の三つの□に**共通する漢字**を入れて熟語を作れ。漢字は**ア～コ**から**一つ**選び、**記号**を記せ。

10点 2×5

1 □贈・□付・□港（　　）
2 法□・□制・□律（　　）
3 □倒・威□・気□（　　）
4 異□・定□・□務（　　）
5 □住・同□・転□（　　）

ア 義	イ 損	ウ 圧	エ 布	オ 寄
カ 政	キ 居	ク 留	ケ 規	コ 輸

(四) 熟語の構成のしかたには次のようなものがある。

20点 2×10

ア　同じような意味の漢字を重ねたもの　（道路）
イ　反対または対応の意味を表す字を重ねたもの　（前後）
ウ　上の字が下の字を修飾しているもの　（紅葉）
エ　下の字が上の字の目的語・補語になっているもの　（育児）
オ　上の字が下の字の意味を打ち消しているもの　（無害）

次の熟語は、右のア～オのどれにあたるか、一つ選び、記号で記せ。

1 新鮮（　）
2 漢字（　）
3 加減（　）
4 着席（　）
5 未熟（　）
6 取捨（　）
7 競技（　）
8 善良（　）
9 予知（　）
10 比較（　）

(六) 後の□内のひらがなを漢字に直して、対義語・類義語を作れ。□内のひらがなは一度だけ使い、漢字一字を記入せよ。

20点 2×10

対義語

浮動―固 1 （　）
古豪―2 鋭 （　）
濁流―3 流 （　）
軽薄―重 4 （　）
人為―5 然 （　）

類義語

光陰―歳 6 （　）
豪快―豪 7 （　）
質素―地 8 （　）
知己―親 9 （　）
敏速―10 敏 （　）

(五)

次の漢字の**部首**を**ア～エ**から**一つ**選び、記号で記せ。

10点 1×10

1 豪 （ア 亠　イ 豕　ウ 口　エ 冖）（　　）
2 殿 （ア 殳　イ 尸　ウ 几　エ 又）（　　）
3 威 （ア 厂　イ 戈　ウ 女　エ 一）（　　）
4 奥 （ア 米　イ 冂　ウ ノ　エ 大）（　　）
5 隷 （ア 隶　イ 士　ウ 小　エ 二）（　　）
6 影 （ア 日　イ 亠　ウ 彡　エ 小）（　　）
7 斜 （ア 人　イ 斗　ウ 木　エ 十）（　　）
8 輝 （ア ⺌　イ 冖　ウ 儿　エ 車）（　　）
9 舗 （ア 土　イ 人　ウ 舌　エ 丶）（　　）
10 瞬 （ア ⺤　イ 目　ウ 冖　エ 舛）（　　）

せい・ほう・ゆう・てい・こう・み・しん・き・し・げつ

(七)

次の――線の**カタカナ**を**漢字一字と送りがな（ひらがな）**に直せ。

〈例〉誕生日に友達をヨブ。（呼ぶ）

10点 2×5

1 新たな事業を**オコス**。（　　）
2 都市の人口が年々**マス**。（　　）
3 相手の意向を**タシカメル**。（　　）
4 改築のためによそに**ウツル**。（　　）
5 山々が白雪を**イタダイ**ている。（　　）

八 文中の**四字熟語**の――線の**カタカナ**を**漢字**に直せ。

20点 2×10

1 **理ロ整然**と釈明する。（　　）
2 **熟慮断コウ**を迫られる。（　　）
3 現体制を**現状維ジ**する。（　　）
4 **挙動フ審**な男を見かける。（　　）
5 **七テン八倒**の痛みに救急車を頼む。（　　）
6 **異ロドウ音**に称賛の声があがる。（　　）
7 **十人十イロ**で相談がまとまらない。（　　）
8 一計をめぐらして**暗チュウ飛躍**する。（　　）
9 いずれも**大同ショウ異**な意見に終わる。（　　）
10 夜中の間違い電話とは**迷惑セン万**な話だ。（　　）

十 次の――線の**カタカナ**を**漢字**に直せ。

40点 2×20

1 実験の**セイヒ**を見守る。（　　）
2 料理の材料を**セイセン**する。（　　）
3 市民の**ヨウボウ**にこたえる。（　　）
4 物事を**テッカク**に判断する。（　　）
5 仕事をやめて**キョウリ**に帰る。（　　）
6 教員の**サイヨウ**試験に合格した。（　　）
7 会社の**ヨウム**で東京へ出張する。（　　）
8 人工衛星の軌道の**ゴサ**を修正する。（　　）
9 博物館の**カンラン**は5時までです。（　　）
10 機械化されて**コウサク**が楽になった。（　　）

九

次の各文にまちがって使われている**同じ読みの漢字**が一字ある。**上に誤字**を、**下に正しい漢字**を記せ。

10点 2×5

1 各委員の意見を微調正して最終案をまとめあげる。（　・　）

2 風過しないうちに災害から得た教訓を記録に残しておこう。（　・　）

3 本来売り手と買い手の間で需求が調整されるのが労働市場だ。（　・　）

4 日本のロケット開発は国産技術を蓄積して準調に進んでいった。（　・　）

5 中国人が個人で申請する観光ビザの発給用件が大幅に緩和された。（　・　）

11 目的地まであと3キロの**ドウテイ**だ。（　）

12 地震などの**テンサイ**は突然にやってくる。（　）

13 問題の解決に**ジュウナン**な態度でのぞむ。（　）

14 買い物かごを**サ**げる。（　）

15 食べ過ぎておなかが**ハ**る。（　）

16 親類のもとに身を**ヨ**せる。（　）

17 漢字をひらがなに**ナオ**す。（　）

18 妹と**トモ**に家の手伝いをする。（　）

19 ごみを川に**ス**ててはいけません。（　）

20 隣り村との**サカイ**に川が流れている。（　）

第2回 模擬試験

試験時間 60分

合格基準 140点

得点 /200点

(一)

次の――線の漢字の読みをひらがなで記せ。

30点 1×30

1 事態を**敏速**に処理する。（　）
2 展覧会で名画を**鑑賞**する。（　）
3 すばらしい演技に**感嘆**する。（　）
4 **新婚**の友人宅へ押しかける。（　）
5 彼は**普通**朝7時に起床する。（　）
6 **色彩**ゆたかな絵をかきたい。（　）
7 このあたりは古い**店舗**が多い。（　）
8 インフルエンザが**猛威**をふるう。（　）
9 会の規約に**抵触**する行為をする。（　）
10 退院後別荘で**療養**生活を送る。（　）
11 古代の村落の跡から土器を**発掘**する。（　）
12 ここの温泉は塩分を**含有**している。（　）
13 彼は**鋭気**に満ちた表情をしていた。（　）

(二)

次の――線の**カタカナ**にあてはまる漢字をそれぞれの**ア〜オ**から**一つ**選び、**記号**を記せ。

30点 2×15

1 船が港に停**ハク**する。（　）
2 相手の気**ハク**に負ける。（　）
3 彼の発言は根拠が**ハク**弱だ。（　）
（ア白　イ迫　ウ薄　エ博　オ泊）

4 六**ジョウ**の部屋を間借りする。（　）
5 やかんから**ジョウ**気が盛んに出る。（　）
6 夫の死に接して気**ジョウ**にふるまう。（　）
（ア蒸　イ丈　ウ常　エ城　オ畳）

7 **イ**儀を正して式に臨む。（　）
8 同窓会誌への寄稿を**イ**頼される。（　）
9 コンピューターが**イ**力を発揮する。（　）
（ア異　イ遺　ウ偉　エ依　オ威）

10 家を**テイ**当に入れて借金をする。（　）

第2回

14 機嫌が悪いと露骨にいやな顔をする。（　）
15 図書館にはたくさんの本が寄贈された。（　）
16 繁雑な業務を毎日こなすのは大変だ。（　）
17 兄は新聞記者として外国に派遣される。（　）
18 人間は互いに依存し合って生きている。（　）
19 あの子は小さいころから柔順な娘だった。（　）
20 応援団が大声を張り上げて選手を鼓吹する。（　）
21 洗ったシャツが乾く。（　）
22 繁盛していた店が傾く。（　）
23 妹は甘いものが大好きだ。（　）
24 軽々しい振る舞いをするな。（　）
25 急に犬にほえられて驚いた。（　）
26 ボートで子供たちを岸に渡す。（　）
27 宝石店に侵入してダイヤを盗む。（　）
28 ますますのご活躍をお祈りします。（　）
29 弟は急に黙りこんでしまった。（　）
30 着物を脱ぎ捨てにしないで畳みなさい。（　）

11 研究の過テイを報告書にまとめる。（　）
12 台風による大雨でテイ防が決壊する。（　）
（ア程　イ提　ウ堤　エ停　オ抵）

13 病をオして出社する。（　）
14 かばんを机の上にオく。（　）
15 彼女の気持ちをオし量かる。（　）
（ア置　イ老　ウ追　エ押　オ推）

(三)

1～5の三つの□に**共通する漢字**を入れて熟語を作れ。漢字は**ア～コ**から**一つ**選び、**記号**を記せ。

10点
2×5

1 要□・□域・受□（　）
2 省□・□字・計□（　）
3 □裕・残□・□生（　）
4 任□・公□・義□（　）
5 □道・□告・電□（　）

ア授　イ領　ウ保　エ略　オ迷
カ基　キ余　ク財　ケ報　コ務

(四)

熟語の構成のしかたには次のようなものがある。

20点 2×10

ア 同じような意味の漢字を重ねたもの （道路）
イ 反対または対応の意味を表す字を重ねたもの （前後）
ウ 上の字が下の字を修飾しているもの （紅葉）
エ 下の字が上の字の目的語・補語になっているもの （育児）
オ 上の字が下の字の意味を打ち消しているもの （無害）

次の熟語は、右のア～オのどれにあたるか、一つ選び、記号で記せ。

1 友情（　）
2 清潔（　）
3 勝負（　）
4 未完（　）
5 言語（　）
6 読書（　）
7 明暗（　）
8 希望（　）
9 最高（　）
10 借金（　）

(六)

後の□内のひらがなを漢字に直して、対義語・類義語を作れ。□内のひらがなは一度だけ使い、漢字一字を記入せよ。

20点 2×10

対義語

高雅―低［1］
依存―［2］立
偉人―凡［3］
恒例―［4］例
陰暦―［5］暦

類義語

誇張―誇［6］
雑踏―混［7］
深慮―熟［8］
範例―［9］事
是認―肯［10］

1（　）
2（　）
3（　）
4（　）
5（　）
6（　）
7（　）
8（　）
9（　）
10（　）

(五)

次の漢字の**部首**を**ア～エ**から**一つ**選び、**記号**で記せ。

10点 1×10

1 黙（ア 田　イ 犬　ウ 黒　エ 灬）（　　）

2 離（ア 亠　イ ム　ウ 冂　エ 隹）（　　）

3 敷（ア 方　イ 攵　ウ 田　エ 丶）（　　）

4 繁（ア 糸　イ 攵　ウ 毋　エ 小）（　　）

5 恐（ア 工　イ 几　ウ 丶　エ 心）（　　）

6 戯（ア 虍　イ 丶　ウ 戈　エ ト）（　　）

7 獣（ア 丷　イ 犬　ウ 田　エ 口）（　　）

8 煮（ア 日　イ 耂　ウ 灬　エ 土）（　　）

9 騒（ア 馬　イ 灬　ウ 又　エ 虫）（　　）

10 穀（ア 士　イ 禾　ウ 殳　エ 冖）（　　）

だい・じ・こう・ぞく・こ・い・よう・じん・てい・ざつ

(七)

次の——線の**カタカナ**を**漢字一字**と**送りがな（ひらがな）**に直せ。

10点 2×5

〈例〉誕生日に友達を<u>ヨブ</u>。（呼ぶ）

1 女子社員を二人**トル**。（　　）

2 車の運転を**オボエ**たい。（　　）

3 待たされることに**ナレ**た。（　　）

4 良識に**モトヅイ**て行動する。（　　）

5 花びんのばらの花が**カレル**。（　　）

第2回

(八) 文中の四字熟語の――線のカタカナを漢字に直せ。

20点 2×10

1 言行イッ致の範を示す。（　　）
2 驚テン動地の騒動となる。（　　）
3 急転直カの解決をみる。（　　）
4 裏切られて疑シン暗鬼になる。（　　）
5 多ジ多端で休暇が取れない。（　　）
6 彼はこの劇団の一マイ看板だ。（　　）
7 祖父は粗衣粗ショクの青春を送った。（　　）
8 一心ドウ体で倒産の危機を脱する。（　　）
9 三連敗と新監督にとっては前途タ難だ。（　　）
10 後生ダイ事に思い出の写真をしまいこむ。（　　）

(十) 次の――線のカタカナを漢字に直せ。

40点 2×20

1 身のケッパクを証明する。（　　）
2 銀行にタガクの借金をする。（　　）
3 研究にジョウネツをもやす。（　　）
4 卒業式に父母もリンセキする。（　　）
5 ゲームのヤクソクごとを守る。（　　）
6 入学式はリャクシキですませる。（　　）
7 写真のゲンゾウが出来上がった。（　　）
8 市長のヨウショクを立派に果たす。（　　）
9 日本の歴史についてロンジュツする。（　　）
10 病院の受付で保険証をテイジする。（　　）

(九) 次の各文にまちがって使われている**同じ読みの漢字**が**一字**ある。**上に誤字**を、**下に正しい漢字**を記せ。

10点 2×5

1 需要と供給のバランスがくずれると経済は困乱する。（　・　）

2 日本人と中国人は漢字である程度筆断することができる。（　・　）

3 効果的な経済政策を打ち出せない政府に対する世標は厳しい。（　・　）

4 手続きをもっと関素化すれば窓口でこんなに待たされることもない。（　・　）

5 平成という時代に入ってから日本はいくつもの危期を経験してきた。（　・　）

11 新語を**ゾウホ**して辞書を改める。（　　）

12 道路が広がって街の**ヨウソウ**が一変する。（　　）

13 **ブンミャク**から全体の内容を感じ取る。（　　）

14 兄弟はよく**ニ**ている。（　　）

15 問題解決の方法を**ハカ**る。（　　）

16 大雨で川の水かさが**マ**す。（　　）

17 去年よりも業績が**ア**がった。（　　）

18 感謝の気持ちをことばに**アラワ**す。（　　）

19 川に堤防を**キズ**いて洪水を防ぐ。（　　）

20 あの山は**ケワ**しくてとても登れない。（　　）

第2回

第3回 模擬試験

試験時間 60分

合格基準 140点

得点 /200点

(一) 次の――線の**漢字の読み**を**ひらがな**で記せ。

30点 1×30

1 相手の主張を**黙殺**する。（　）
2 優勝して賞金を**獲得**する。（　）
3 不動産の売買を**仲介**する。（　）
4 ゴールに向かって**突進**する。（　）
5 会社の再建に日夜**腐心**する。（　）
6 英語商用文の**範例**を並べる。（　）
7 言いたいことを**遠慮**なく言う。（　）
8 日本の技術は時代の**先端**を行く。（　）
9 地元出身の力士を**熱烈**に応援する。（　）
10 仕事が忙しくて**疲労**がはげしい。（　）
11 移民を乗せた船が**岸壁**を離れた。（　）
12 学費の一部を国が**援助**してくれる。（　）
13 電車の適度な**振動**が眠気をさそう。（　）

(二) 次の――線の**カタカナ**にあてはまる漢字をそれぞれの**ア～オ**から**一つ**選び、**記号**を記せ。

30点 2×15

1 **コウ**涼たる原野を旅する。（　）
2 **コウ**久の平和を心から願う。（　）
3 **コウ**木をたいて香りをたのしむ。（　）
（ア 香　イ 降　ウ 恒　エ 康　オ 荒）

4 赤字対策に**フ**心する。（　）
5 携帯電話が全国に**フ**及する。（　）
6 会社の**フ**沈をかけた大事業を行う。（　）
（ア 腐　イ 普　ウ 富　エ 布　オ 浮）

7 彼は**タン**然として座っている。（　）
8 相手の冷**タン**な態度に失望する。（　）
9 子をなくして悲**タン**の涙にくれる。（　）
（ア 誕　イ 端　ウ 探　エ 嘆　オ 淡）

10 文化祭は**ジュウ**来通り実施される。（　）

14 公害に対する保障を政府に**嘆願**する。（　　）
15 **即断**しろと言われても子供には無理だ。（　　）
16 留守の間に泥棒が家に**侵入**した。（　　）
17 この話は**根拠**がないので信用できない。（　　）
18 出版部門を**分離**して新会社を設立する。（　　）
19 おばは立ち居ふる舞いがとても**優雅**です。（　　）
20 テレビは全国のすみずみにまで**普及**した。（　　）
21 山を**越**して隣の町へ行く。（　　）
22 息を**弾**ませながら走る。（　　）
23 地震で家が**傾**いてしまった。（　　）
24 お客さんを笑顔で**迎**える。（　　）
25 何かがぶつかる**鈍**い音がした。（　　）
26 美しい風景を見事に**描**いている。（　　）
27 条件が折り合わなくて話が**壊**れる。（　　）
28 飲み過ぎると乱れるので酒を**慎**む。（　　）
29 つまらないことでそんなに**怒**るな。（　　）
30 水をやるのを忘れたため花が**枯**れた。（　　）

11 百**ジュウ**の王ライオンの姿を写真におさめる。（　　）
12 あの子は小さいころから**ジュウ**順な娘でした。（　　）
（ア 縦　イ 従　ウ 柔　エ 住　オ 獣）

13 メンバーが一人**カ**ける。（　　）
14 グリーンのしばを**カ**り込んだ。（　　）
15 閉店の間ぎわに店に**カ**け込んだ。（　　）
（ア 欠　イ 仮　ウ 駆　エ 刈　オ 過）

（三）

1～5の三つの□に**共通する漢字**を入れて熟語を作れ。漢字は**ア～コ**から**一つ**選び、**記号**を記せ。

10点（2×5）

1 □証・□留・確□（　　）
2 回□・□活・□習（　　）
3 □価・論□・品□（　　）
4 設□・準□・予□（　　）
5 □定・裁□・□断（　　）

ア 編	イ 判	ウ 富	エ 備	オ 賀
カ 評	キ 慣	ク 復	ケ 技	コ 保

第3回

(四)

熟語の構成のしかたには次のようなものがある。

20点 2×10

ア　同じような意味の漢字を重ねたもの　（**道路**）
イ　反対または対応の意味を表す字を重ねたもの　（**前後**）
ウ　上の字が下の字を修飾しているもの　（**紅葉**）
エ　下の字が上の字の目的語・補語になっているもの　（**育児**）
オ　上の字が下の字の意味を打ち消しているもの　（**無害**）

次の熟語は、右の**ア～オ**のどれにあたるか、**一つ**選び、**記号**で記せ。

1 歓喜（　）
2 美談（　）
3 送迎（　）
4 提案（　）
5 未納（　）

6 延期（　）
7 禁止（　）
8 得失（　）
9 避暑（　）
10 定価（　）

(六)

後の□内のひらがなを漢字に直して、**対義語・類義語**を作れ。□内のひらがなは一度だけ使い、**漢字一字**を記入せよ。

20点 2×10

対義語

希薄―濃 1
釈放― 2 挙
及第― 3 第
与党― 4 党
鋭敏―鈍 5

類義語

威圧―圧 6
誇張―過 7
忍耐―我 8
寄稿―起 9
獲得― 10 得

1（　）
2（　）
3（　）
4（　）
5（　）
6（　）
7（　）
8（　）
9（　）
10（　）

(五)

次の漢字の**部首**を**ア～エ**から**一つ**選び、**記号**で記せ。

10点 1×10

1 髪（ア 長　イ 彡　ウ 又　エ 髟）（　　）
2 誉（ア ⺍　イ 言　ウ 八　エ 一）（　　）
3 慮（ア 心　イ ト　ウ 虍　エ 田）（　　）
4 監（ア 臣　イ 一　ウ 皿　エ 匚）（　　）
5 露（ア ⻊　イ 夂　ウ 口　エ 雨）（　　）
6 頼（ア 目　イ 頁　ウ 八　エ 十）（　　）
7 彩（ア 彡　イ 爫　ウ 木　エ ノ）（　　）
8 徴（ア 攵　イ 山　ウ 彳　エ 王）（　　）
9 倒（ア 亻　イ 刂　ウ 至　エ 亅）（　　）
10 巻（ア 二　イ 大　ウ 八　エ 㔾）（　　）

こう・や・まん・しゅ・ぱく・だい・かん・そう・らく・けん

(七)

次の――線の**カタカナ**を**漢字一字と送りがな（ひらがな）**に直せ。

10点 2×5

〈例〉誕生日に友達をヨブ。（呼ぶ）

1 貯水池の水が**ヘッ**た。（　　）
2 進学か就職かで**マヨウ**。（　　）
3 赤ちゃんが目を**サマシ**た。（　　）
4 おこづかいが少し**アマッ**た。（　　）
5 会議の日程が三日間に**チヂマル**。（　　）

第3回

(八) 文中の**四字熟語**の――線の**カタカナ**を**漢字**に直せ。

20点 2×10

1 **適材適ショ**の人事異動を行う。（　　）
2 資金ぐりに**シ苦八苦**する。（　　）
3 **自コ矛盾**を指摘される。（　　）
4 火事で**イッ切合切**を失う。（　　）
5 借金をかかえて**青息ト息**だ。（　　）
6 これらの違いは**一モク瞭然**だ。（　　）
7 同僚には**不即不リ**の態度で接する。（　　）
8 **臨キ応変**の対応で事なきを得る。（　　）
9 **浅ガク非才**な私には会長は務まらない。（　　）
10 **門外フ出**の古文書がやっと公開された。（　　）

(十) 次の――線の**カタカナ**を**漢字**に直せ。

40点 2×20

1 **ヨウジ**のしつけは大事だ。（　　）
2 事件が**レンゾク**して起こる。（　　）
3 体の弱い子供を**ヨウゴ**する。（　　）
4 外国から知人が**ライホウ**した。（　　）
5 **フダン**の努力のすえ成功する。（　　）
6 砂糖をガラスの**ヨウキ**に入れる。（　　）
7 ビルが**ミッセツ**して立ち並ぶ。（　　）
8 このような事件は**ルイレイ**がない。（　　）
9 水力を**ユウコウ**に使って発電する。（　　）
10 気象観測船にレーダーを**ソウビ**する。（　　）

(九) 次の各文にまちがって使われている**同じ読みの漢字**が**一字**ある。**上に誤字**を、**下に正しい漢字**を記せ。

10点 2×5

1 軍備縮小に向けて二国間で供定を結ぶことになった。（　・　）

2 立派な美術館を作ることだけが文化政作ではない。（　・　）

3 都道府県を単位にして全国的なボランティア組識を作る。（　・　）

4 野党は行政改革を進めない政府の責任を追求した。（　・　）

5 財政健全化の基本は決して安易な増税ではなく経済の活生化である。（　・　）

11 こんな苦しみは初めて**ケイケン**した。（　　）

12 朝焼けは天気が悪くなる**チョウコウ**だ。（　　）

13 市の名物だった花火大会が**フッカツ**する。（　　）

14 恐竜は大昔に**タ**えた。（　　）

15 二学期から席が**ウツ**った。（　　）

16 出発時間を一時間**ハヤ**める。（　　）

17 見事な出来ばえに舌を**マ**く。（　　）

18 会場の一番前に席を**ト**る。（　　）

19 強敵をやっと**ヤブ**ることができた。（　　）

20 彼が**アラワ**した小説は百冊をこえる。（　　）

第3回

第4回 模擬試験

試験時間 60分
合格基準 140点
得点 /200点

(一) 次の――線の**漢字の読み**を**ひらがな**で記せ。

30点 1×30

1 戦争で民族は**離散**した。（　）
2 みんなの意見が**一致**する。（　）
3 ひいきのチームを**応援**する。（　）
4 **砂丘**を上ったり下りたりする。（　）
5 接客係が会計係を**兼務**する。（　）
6 図書館で借りた本を**返却**する。（　）
7 列車の時刻表を**丹念**に調べる。（　）
8 申込書に住所と氏名を**記載**する。（　）
9 会社の代表として**活躍**してほしい。（　）
10 **空欄**に答えを書き入れなさい。（　）
11 この手紙には**作為**が感じられる。（　）
12 **雄大**なながめに思わず息をのんだ。（　）
13 抜き打ちに支店の経理を**監査**する。（　）

(二) 次の――線の**カタカナ**にあてはまる漢字をそれぞれの**ア～オ**から**一つ**選び、**記号**を記せ。

30点 2×15

1 突然の**キョウ**報に言葉を失う。（　）
2 優勝の知らせに**キョウ**喜する。（　）
3 子供たちが**キョウ**声を上げる。（　）
（ア 共　イ 叫　ウ 凶　エ 供　オ 狂）

4 決勝戦で苦**ハイ**をなめる。（　）
5 お手紙**ハイ**読いたしました。（　）
6 郷土から優れた人材が**ハイ**出する。（　）
（ア 背　イ 拝　ウ 杯　エ 肺　オ 輩）

7 事故の**ショウ**報はまだ届かない。（　）
8 日本文化を他国に**ショウ**介する。（　）
9 幼なじみの二人は愛**ショウ**で呼び合う。（　）
（ア 障　イ 将　ウ 紹　エ 詳　オ 称）

10 旅先で神のご加**ゴ**を祈る。（　）

14 **詳細**にわたって事件の説明をする。（　　）
15 妹のあの驚き方は**尋常**ではなかった。（　　）
16 外国資本の国内投資を**歓迎**する。（　　）
17 忘れないように必要な**事項**はメモする。（　　）
18 パンダが動物園の人気を**独占**している。（　　）
19 発展途上国は先進国の**支援**を求めている。（　　）
20 その時ただ運命を**甘受**するほかなかった。（　　）
21 手ぬぐいを水に**浸**す。（　　）
22 人前で**恥**をかかされる。（　　）
23 今度の試験は範囲が**狭**い。（　　）
24 久しぶりの外出に心が**弾**む。（　　）
25 修学旅行でホテルに**泊**まる。（　　）
26 **柔**らかい春の日差しを浴びる。（　　）
27 この事件との関係は**薄**いと思う。（　　）
28 明日九時より入学式を**執**り行う。（　　）
29 ちょっと**伺**いたいことがあります。（　　）
30 すぐ人に**頼**ろうとするのは悪いくせだ。（　　）

11 計画に大きな**ゴ**算が生じる。（　　）
12 委員長は委員の間で**ゴ**選する。（　　）
（ア 護　イ 後　ウ 互　エ 語　オ 誤）

13 弟は母に**ツ**きまとう。（　　）
14 友達に**ツ**いで発表した。（　　）
15 先生に**ツ**いて習字を習う。（　　）
（ア 積　イ 連　ウ 就　エ 次　オ 付）

(三) 1〜5の三つの□に**共通する漢字**を入れて熟語を作れ。漢字は**ア〜コ**から**一つ**選び、**記号**を記せ。

10点 2×5

1 □意・□期・責□（　　）
2 前□・□供・□示（　　）
3 □切・快□・□任（　　）
4 □絶・□定・□念（　　）
5 引□・後□・□院（　　）

ア 往	イ 提	ウ 能	エ 断	オ 価
カ 退	キ 徳	ク 適	ケ 任	コ 永

(四)

熟語の構成のしかたには次のようなものがある。

20点 2×10

ア　同じような意味の漢字を重ねたもの　(**道路**)
イ　反対または対応の意味を表す字を重ねたもの　(**前後**)
ウ　上の字が下の字を修飾しているもの　(**紅葉**)
エ　下の字が上の字の目的語・補語になっているもの　(**育児**)
オ　上の字が下の字の意味を打ち消しているもの　(**無害**)

次の熟語は、右の**ア〜オ**のどれにあたるか、**一つ**選び、**記号**で記せ。

1 発着 (　　)
2 違反 (　　)
3 常任 (　　)
4 栄枯 (　　)
5 就職 (　　)
6 未明 (　　)
7 利害 (　　)
8 恐怖 (　　)
9 温水 (　　)
10 決心 (　　)

(六)

後の□内のひらがなを漢字に直して、**対義語・類義語**を作れ。□内のひらがなは一度だけ使い、**漢字一字**を記入せよ。

20点 2×10

対義語

違憲 ― 1 憲
緯度 ― 2 度
乾季 ― 3 季
奥行 ― 間 4
甘言 ― 5 言

類義語

関与 ― 介 6
依頼 ― 7 任
奥義 ― 8 伝
皆無 ― 9 無
困惑 ― 閉 10

1 (　　) 2 (　　) 3 (　　) 4 (　　) 5 (　　)
6 (　　) 7 (　　) 8 (　　) 9 (　　) 10 (　　)

第4回

五 次の漢字の**部首**を**ア〜エ**から**一つ**選び、**記号**で記せ。

10点 1×10

1 澄（ア 癶 イ 豆 ウ 氵 エ 口）（　）
2 甘（ア 甘 イ 一 ウ 凵 エ 丨）（　）
3 惑（ア 心 イ 戈 ウ 弋 エ 口）（　）
4 壁（ア 立 イ 十 ウ 土 エ 尸）（　）
5 惨（ア 厶 イ 大 ウ 彡 エ 忄）（　）
6 寝（ア 冫 イ 宀 ウ 冖 エ 又）（　）
7 扇（ア 戸 イ 一 ウ 羽 エ 尸）（　）
8 遅（ア 羊 イ 厂 ウ 辶 エ 尸）（　）
9 稲（ア 爫 イ 日 ウ ノ エ 禾）（　）
10 就（ア 亠 イ 尢 ウ 小 エ 口）（　）

ぐち・い・ごう・にゅう・ぜつ・こう・けい・ひ・う・く

七 次の――線の**カタカナ**を**漢字一字と送りがな（ひらがな）**に直せ。

10点 2×5

〈例〉誕生日に友達をヨブ。（呼ぶ）

1 彼との連絡が**タエ**た。（　）
2 恩師のご恩に**ムクイル**。（　）
3 **アヤマッ**て済む問題ではない。（　）
4 人を**シリゾケ**て仕事をする。（　）
5 時の**イキオイ**にさからえない。（　）

(八) 文中の四字熟語の――線のカタカナを漢字に直せ。

20点 2×10

1 一心フ乱に努力する。（　　）
2 思慮分ベツをわきまえる。（　　）
3 初もうでに無ビョウ息災を祈る。（　　）
4 予選で負けて意キ消沈する。（　　）
5 今はなんの自カク症状もない。（　　）
6 生徒に教わるとは主客テン倒だ。（　　）
7 初対面でもすぐに意気投ゴウした。（　　）
8 事実ム根のうわさをたてられる。（　　）
9 病後は牛イン馬食を慎むようになった。（　　）
10 年度末で工事は昼ヤ兼行で行われる。（　　）

(十) 次の――線のカタカナを漢字に直せ。

40点 2×20

1 候補者の名をレンコする。（　　）
2 シュウヨウをつんで大人物となる。（　　）
3 ユダンしていると失敗する。（　　）
4 最後までヨダンをゆるさない。（　　）
5 部屋の家具のハイチをかえる。（　　）
6 今この問題を考えるヨチはない。（　　）
7 黒板は教室には必要なビヒンです。（　　）
8 列車に食堂車がレンケツされる。（　　）
9 母は手芸のギノウにすぐれている。（　　）
10 忙しいのでリンジに人をやとう。（　　）

(九)

次の各文にまちがって使われている**同じ読みの漢字**が**一字**ある。**上に誤字**を、**下に正しい漢字**を記せ。

10点 2×5

1 政府の施策が遅れ問題はますます深告化する一方だ。（　・　）

2 我々が未来に残すべきは生命と心と文化と移伝子しかない。（　・　）

3 生活環境の改全は工業地帯に暮らす市民の切実な願いである。（　・　）

4 環境保護の歓点からすれば開発はこれ以上進めるべきではない。（　・　）

5 新しい法律を作って悪徳商法の被害者を求済しなければならない。（　・　）

11 弟に勉強するようにチュウコクした。（　）

12 今場所も横綱はケンザイでたのもしい。（　）

13 なまけると成績が落ちるのはヒツゼンだ。（　）

14 絵を見る目がコえる。（　）

15 村は雪でトざされている。（　）

16 得点の多いチームが力ちだ。（　）

17 事故が起きて交通がトまる。（　）

18 早くつき過ぎて時間がアマる。（　）

19 実験はハたして成功するだろうか。（　）

20 リーダーにミチビかれて山に登る。（　）

第4回

第5回 模擬試験

試験時間 60分

合格基準 140点

得点 /200点

(一)

次の——線の漢字の読みをひらがなで記せ。

30点 1×30

1 冬ははだが**乾燥**しやすい。（　　）
2 注意点を**箇条**にまとめる。（　　）
3 **猛烈**な寒波に見舞われる。（　　）
4 すばらしい演奏に**拍手**する。（　　）
5 **珍奇**な風習にびっくりする。（　　）
6 マラソンの記録が**更新**された。（　　）
7 親切にしてもらって**恐縮**した。（　　）
8 九回を投げ**球威**が落ちてきた。（　　）
9 難しい問題に出会って**困惑**する。（　　）
10 彼の月収は私の年収に**匹敵**する。（　　）
11 合格を**祈願**して絵馬を奉納する。（　　）
12 野犬が人を襲うなんて**物騒**な話だ。（　　）
13 白いシャツにぽつんと**汚点**がある。（　　）

(二)

次の——線の**カタカナ**にあてはまる漢字をそれぞれの**ア～オ**から**一つ**選び、**記号**を記せ。

30点 2×15

1 遠くに仏**トウ**が見える。（　　）
2 留守の間に**トウ**難にあう。（　　）
3 未**トウ**の極地を探検する。（　　）
（ア 塔　イ 統　ウ 盗　エ 踏　オ 糖）

4 会場周辺に厳**カイ**体制をしく。（　　）
5 犯人は**カイ**目見当がつかない。（　　）
6 家族が交代で祖父の**カイ**護をする。（　　）
（ア 皆　イ 灰　ウ 戒　エ 快　オ 介）

7 野菜から農薬が**ケン**出された。（　　）
8 記録が伸びず優勝**ケン**外に去る。（　　）
9 地震にも耐えられる**ケン**牢な建物。（　　）
（ア 圏　イ 憲　ウ 検　エ 険　オ 堅）

10 営業成績不**シン**で減給される。（　　）

14 この取引には第三者を介在させる。（　　）
15 住民の尽力で住みよい町になった。（　　）
16 これは一国の浮沈にかかわる問題だ。（　　）
17 父は毎日店のやりくりで苦悩している。（　　）
18 作家としての非凡な才能を発揮する。（　　）
19 犯人はどこへ逃げたのか皆目わからない。（　　）
20 これまでの経緯は水に流してやり直そう。（　　）
21 大粒の涙がこぼれる。（　　）
22 砂浜をはだしで駆ける。（　　）
23 かばんを網だなに載せる。（　　）
24 じっとしていられないほど怖い。（　　）
25 遠慮するような柄ではない。（　　）
26 底が透けて見えるきれいな湖。（　　）
27 若い肉体が躍るスポーツの祭典。（　　）
28 隣のおばさんにお年玉をもらった。（　　）
29 ぬれたズボンをストーブで乾かす。（　　）
30 その人の名声は永遠に朽ちないだろう。（　　）

第5回

11 台風で多くのシン水家屋が出た。（　　）
12 プライバシーシン害で訴えを起こす。（　　）
（ア信　イ振　ウ浸　エ清　オ侵）

13 息子が反抗的な態度をトる。（　　）
14 検査のために血をトります。（　　）
15 ワンバウンドしたボールをトる。（　　）
（ア執　イ問　ウ採　エ捕　オ登）

(三) 1～5の三つの□に**共通する漢字**を入れて熟語を作れ。漢字は**ア～コ**から**一つ**選び、**記号**を記せ。

10点 2×5

1 構□・改□・創□（　　）
2 □額・□会・□裁（　　）
3 断□・□交・拒□（　　）
4 □確・□神・□巧（　　）
5 教□・就□・□務（　　）

ア総	イ経	ウ精	エ増	オ造
カ接	キ絶	ク幹	ケ職	コ句

(四)

熟語の構成のしかたには次のようなものがある。

20点 2×10

ア　同じような意味の漢字を重ねたもの　（**道路**）
イ　反対または対応の意味を表す字を重ねたもの　（**前後**）
ウ　上の字が下の字を修飾しているもの　（**紅葉**）
エ　下の字が上の字の目的語・補語になっているもの　（**育児**）
オ　上の字が下の字の意味を打ち消しているもの　（**無害**）

次の熟語は、右の**ア～オ**のどれにあたるか、**一つ**選び、**記号**で記せ。

1 寄贈（　）
2 早春（　）
3 雅俗（　）
4 執筆（　）
5 不幸（　）

6 賞罰（　）
7 尽力（　）
8 乾燥（　）
9 黙認（　）
10 攻防（　）

(六)

後の□内のひらがなを漢字に直して、**対義語・類義語**を作れ。□内のひらがなは一度だけ使い、**漢字一字**を記入せよ。

20点 2×10

対義語

歓送―歓[1]
忘却―[2]憶
兼業―[3]業
凶作―[4]作
狭量―[5]容

類義語

巨木―大[6]
倒壊―[7]壊
合格―及[8]
互角―対[9]
丹念―精[10]

1（　）
2（　）
3（　）
4（　）
5（　）
6（　）
7（　）
8（　）
9（　）
10（　）

五

次の漢字の**部首**を**ア～エ**から**一つ**選び、**記号**で記せ。

10点 1×10

1 致（ア 夂　イ 至　ウ 土　エ ム）（　）

2 弾（ア ⺍　イ 田　ウ 十　エ 弓）（　）

3 嘆（ア 口　イ 艹　ウ 人　エ 二）（　）

4 釈（ア ノ　イ 米　ウ 釆　エ 人）（　）

5 壊（ア 十　イ 罒　ウ 衣　エ 土）（　）

6 霧（ア 夂　イ 雨　ウ 力　エ マ）（　）

7 踏（ア 水　イ 日　ウ 口　エ 𧾷）（　）

8 幅（ア 一　イ 口　ウ 巾　エ 田）（　）

9 薄（ア 氵　イ 艹　ウ 寸　エ 田）（　）

10 熟（ア 亠　イ 口　ウ 子　エ 灬）（　）

かん・けっ・げい・だい・き・じゅ・とう・せん・さい・ほう

七

次の――線の**カタカナ**を**漢字一字**と**送りがな（ひらがな）**に直せ。

〈例〉誕生日に友達をヨブ。（呼ぶ）

10点 2×5

1 友達を自宅に**マネク**。（　）

2 難しい問題を**トク**。（　）

3 努力の成果が**アラワレル**。（　）

4 畑を**タガヤシ**て大根を植える。（　）

5 **フタタビ**会うことを約束して別れた。（　）

(八) 文中の四字熟語の――線のカタカナを漢字に直せ。

20点 2×10

1 得意マン面でやってみせる。（　　）
2 独リツ独歩でやりとげる。（　　）
3 無リ難題に頭を抱える。（　　）
4 単刀チョク入に言わせてもらう。（　　）
5 漫言放ゴしてはばからない。（　　）
6 無ミ乾燥の講演会で失望した。（　　）
7 創意ク夫をこらして舞台を作る。（　　）
8 大所コウ所に立って業界を見通す。（　　）
9 仲人がオショク兼備の花嫁を紹介する。（　　）
10 優勝が決まると観客は狂喜ラン舞した。（　　）

(十) 次の――線のカタカナを漢字に直せ。

40点 2×20

1 試合をユウセイに進める。（　　）
2 立入禁止のケイコクを出す。（　　）
3 ユウトウな成績をおさめる。（　　）
4 人間のヨクボウはきりがない。（　　）
5 ケイカイな足取りで行進する。（　　）
6 図工にはセンニンの先生がいる。（　　）
7 パイロットとしてはユウノウだ。（　　）
8 親子では考え方のラクサが大きい。（　　）
9 彼は当時のシンキョウを語った。（　　）
10 健康にはいつもリュウイしています。（　　）

(九) 次の各文にまちがって使われている**同じ読みの漢字**が**一字**ある。**上に誤字**を、**下に正しい漢字**を記せ。

10点 2×5

1 某国が核実険をしたとのニュースが配信されてきた。（　・　）

2 中高年世代は待久消費財や衣料品を大量に買い込む世代ではない。（　・　）

3 密に連絡を取り合って不側の事態に対処できるようにする。（　・　）

4 二年間の留学費用を特に成績優秀と認められる者に救費する。（　・　）

5 外貨保有量と毎年の国内の資本蓄積量は中国が世界一である。（　・　）

---

11 音楽家としてのシシツにめぐまれる。（　）

12 日本では自動車のユシュツがさかんだ。（　）

13 責任者が事故原因のベンメイに努める。（　）

14 毛糸でセーターをアむ。（　）

15 赤の絵の具に黒がマざる。（　）

16 長い列を作って順番をマつ。（　）

17 運動会の進行係をツトめる。（　）

18 火事で煙にツツまれてしまった。（　）

19 人気歌手になって名声をハクする。（　）

20 この部屋は冷房がキきすぎていて寒い。（　）

第5回

第6回 模擬試験

試験時間 60分

合格基準 140点

得点 /200点

(一)

次の――線の漢字の読みをひらがなで記せ。

30点 1×30

1 豪雨で**堤防**が決壊する。（　　）
2 **交替**がすみやかに行われる。（　　）
3 **寸暇**をおしんで読書する。（　　）
4 最先端の**医療**にたずさわる。（　　）
5 **環境**の快適さに心を配る。（　　）
6 数学では学習の**蓄積**が必要だ。（　　）
7 事件の**経緯**を詳しく説明する。（　　）
8 山できのこを**沢山**採ってきた。（　　）
9 酔っぱらいの**介抱**はとても疲れる。（　　）
10 **吐息**まじりに当時の情況を語る。（　　）
11 壊れやすいものなので**慎重**に運ぶ。（　　）
12 容疑者は証拠不十分で**釈放**された。（　　）
13 探検隊はついに目的地に**到達**した。（　　）

(二)

次の――線の**カタカナ**にあてはまる漢字をそれぞれの**ア〜オ**から**一つ**選び、**記号**を記せ。

30点 2×15

1 新聞を**ケイ**続して購読する。（　　）
2 天**ケイ**に感謝して豊作を祝う。（　　）
3 事業拡大に全力を**ケイ**注する。（　　）
（ア 傾　イ 警　ウ 恵　エ 敬　オ 継）

4 地震で家屋が**トウ**壊する。（　　）
5 犯人が現場から**トウ**走する。（　　）
6 その要求は**トウ**底承服できない。（　　）
（ア 逃　イ 到　ウ 討　エ 倒　オ 投）

7 会長は会社の再建に**ジン**力した。（　　）
8 人材を配して**ジン**営をたて直す。（　　）
9 不審な人物を発見して**ジン**問する。（　　）
（ア 尋　イ 尽　ウ 仁　エ 陣　オ 人）

10 雨期が終わり**カン**季に入る。（　　）

14 停電になっている**箇所**が一部にある。（　　）
15 冬山から無事に帰れるなんて**奇跡**だ。（　　）
16 私と君の考えは**奇妙**に一致するね。（　　）
17 店を息子に任せて**隠居**することにした。（　　）
18 キャンプの日には早い時間に**就寝**する。（　　）
19 彼はクラスの中では**愛称**で呼ばれている。（　　）
20 彼女は**幾分**ためらいながら笑顔を見せる。（　　）
21 病状も**峠**を越した。（　　）
22 ふもとから山頂を**仰**ぐ。（　　）
23 鶏肉をくしに**刺**して焼く。（　　）
24 弟はさっきからご機嫌**斜**めだ。（　　）
25 豆を**煮**るには時間がかかる。（　　）
26 梅の花がちらりほらりと**咲**く。（　　）
27 テーブルの上を花で**飾**りたてる。（　　）
28 夏休みには名所を**巡**る旅をしたい。（　　）
29 交通の激しい通りを**渡**るのは大変だ。（　　）
30 交通ストはたくさんの人に影響を**及**ぼす。（　　）

第6回

11 **カン**美なメロディーにうっとりする。（　　）
12 生命保険に加入するよう**カン**誘された。（　　）
（ア 乾　イ 看　ウ 完　エ 甘　オ 勧）

13 小国の軍隊が大国を**ウ**つ。（　　）
14 このあたりに松の木を**ウ**えよう。（　　）
15 **ウ**った矢はすべて的に命中した。（　　）
（ア 討　イ 打　ウ 植　エ 撃　オ 得）

(三)

1～5の三つの□に**共通する漢字**を入れて熟語を作れ。漢字は**ア～コ**から**一つ**選び、**記号**を記せ。

10点
2×5

1 □識・□例・通□（　　）
2 確□・考□・□拠（　　）
3 □備・基□・標□（　　）
4 □正・□理・□了（　　）
5 問□・気□・性□（　　）

ア 制	イ 証	ウ 講	エ 修	オ 均
カ 常	キ 情	ク 準	ケ 質	コ 富

(四)

熟語の構成のしかたには次のようなものがある。

20点 2×10

ア　同じような意味の漢字を重ねたもの　（**道路**）
イ　反対または対応の意味を表す字を重ねたもの　（**前後**）
ウ　上の字が下の字を修飾しているもの　（**紅葉**）
エ　下の字が上の字の目的語・補語になっているもの　（**育児**）
オ　上の字が下の字の意味を打ち消しているもの　（**無害**）

次の熟語は、右の**ア～オ**のどれにあたるか、**一つ**選び、**記号**で記せ。

1 援助（　）
2 集散（　）
3 不安（　）
4 運搬（　）
5 出荷（　）

6 難易（　）
7 激突（　）
8 捕獲（　）
9 安眠（　）
10 抜群（　）

(六)

後の□内のひらがなを漢字に直して、**対義語・類義語**を作れ。□内のひらがなは一度だけ使い、**漢字一字**を記入せよ。

20点 2×10

対義語

歓声―1鳴（　）
惨敗―2勝（　）
刺激―3応（　）
執着―断4（　）
脱退―加5（　）

類義語

思案―6慮（　）
手腕―7量（　）
続行―継8（　）
大胆―豪9（　）
繁忙―10忙（　）

(五)

次の漢字の**部首**を**ア～エ**から**一つ**選び、**記号**で記せ。

10点
1×10

1 罰（ア 言　イ 亅　ウ 刂　エ 罒）（　）
2 避（ア 辛　イ 辶　ウ 尸　エ 口）（　）
3 獣（ア 一　イ 田　ウ 犬　エ 口）（　）
4 畳（ア 田　イ 冖　ウ 目　エ 一）（　）
5 鎖（ア ⺍　イ 金　ウ 貝　エ 八）（　）
6 贈（ア 八　イ 田　ウ 日　エ 貝）（　）
7 寂（ア ト　イ 小　ウ 宀　エ 又）（　）
8 謡（ア 言　イ 爫　ウ 二　エ 山）（　）
9 躍（ア 羽　イ ⻊　ウ 隹　エ 口）（　）
10 垂（ア 二　イ 十　ウ 一　エ 土）（　）

めい・こう・らく・ぞく・ねん・ひ・はん・ぎ・た・ほう

(七)

次の——線の**カタカナ**を**漢字一字**と**送りがな（ひらがな）**に直せ。

〈例〉誕生日に友達を**ヨブ**。（呼ぶ）

10点
2×5

1 町を**アゲテ**応援した。（　）
2 友達に仕事を**マカセル**。（　）
3 **ケワシイ**人生の道を歩む。（　）
4 顔がうっすらと赤みを**オビル**。（　）
5 バーゲンセールは今日**カギリ**です。（　）

第6回

(八) 文中の四字熟語の――線のカタカナを漢字に直せ。

20点 2×10

1 難問に悪センの苦闘する。（　　）
2 出処進タイを明確にする。（　　）
3 千シ万考の末結論を出す。（　　）
4 利害トク失をはかりにかける。（　　）
5 密売組織をイチ網打尽にした。（　　）
6 一言ハン句もゆるがせにしない。（　　）
7 これで話の起承テン結がととのった。（　　）
8 信仰深いロウ若男女が大勢集まる。（　　）
9 絶タイ絶命のきゅう地におとしいれられる。（　　）
10 旧態イ然とした役所の体質にあきれる。（　　）

(十) 次の――線のカタカナを漢字に直せ。

40点 2×20

1 病院で胃のケンサをする。（　　）
2 ヨギとしてピアノを楽しむ。（　　）
3 会長のドクサイに反対する。（　　）
4 突然指名されてコンワクする。（　　）
5 この写真はコウズがよくない。（　　）
6 学校へはオウフク一時間かかる。（　　）
7 教育と文化とはカンレンが深い。（　　）
8 会議の内容をヨウヤクして伝える。（　　）
9 ゴクの正しい意味を辞書で調べる。（　　）
10 どんな時でもリセイを失わない。（　　）

(九) 次の各文にまちがって使われている**同じ読みの漢字**が**一字**ある。**上に誤字**を、**下に正しい漢字**を記せ。

10点 2×5

1 次期市長選には復数の候補者が乱立する可能性が高い。（　・　）

2 最終余選になんとか勝って待望の世界大会初出場を決めた。（　・　）

3 各国が特別な予算をつけてオリンピック選手を養生している。（　・　）

4 インドは中国と並んで最も高い経済成長が希待される人口大国だ。（　・　）

5 人口動態が経済に与える影響は過少評価されている可能性がある。（　・　）

---

11 両国の代表が話し合い**コウワ**を結ぶ。（　）

12 作家の**リャクレキ**を紹介しよう。（　）

13 話が**コンドウ**してわけがわからなくなる。（　）

14 **カ**い犬に手をかまれる。（　）

15 校長先生の銅像を**タ**てる。（　）

16 勤勉に働いて財産を**フ**やす。（　）

17 この仕事は君に**マカ**せる。（　）

18 クラス会に同級生が全員**ツド**う。（　）

19 窓から**ココロヨ**い風が入ってくる。（　）

20 雲にかくれていた太陽が姿を**アラワ**す。（　）

第6回

第7回 模擬試験

試験時間 60分
合格基準 140点
得点 /200点

(一)

次の――線の漢字の読みをひらがなで記せ。

30点 1×30

1 今学期は二度遅刻した。（　）
2 勧業のための政策を施す。（　）
3 地震による被害を調べる。（　）
4 一年間皆勤して表しょうされる。（　）
5 君の勇気は称賛に値する。（　）
6 婚礼の儀式が最高潮に達する。（　）
7 中国へ渡航する手続きをした。（　）
8 信頼している友達が三人いる。（　）
9 なだれで山小屋が全壊した。（　）
10 彼の家は市内でも屈指の名門です。（　）
11 小さな事件を誇張して報道する。（　）
12 健康のため冬でも薄着で過ごす。（　）
13 権威をもって強引に事を進める。（　）

(二)

次の――線のカタカナにあてはまる漢字をそれぞれのア～オから一つ選び、記号を記せ。

30点 2×15

1 勝利がノウ厚になる。（　）
2 上半期の税金をノウ付する。（　）
3 彼の顔に苦ノウの色が現れた。（　）
（ア 能　イ 脳　ウ 濃　エ 納　オ 悩）

4 歓楽街は悪の温ショウとなりやすい。（　）
5 明日正午に臨時国会をショウ集する。（　）
6 この地域には大小の池ショウが点在する。（　）
（ア 召　イ 床　ウ 招　エ 承　オ 沼）

7 渇水が続き作物がコ死する。（　）
8 大地に春のコ動が聞こえる。（　）
9 目撃したことをコ張して伝える。（　）
（ア 鼓　イ 故　ウ 誇　エ 己　オ 枯）

10 故障したカ所を調べて修理する。（　）

14 一歩一歩**堅実**に商売の基礎を築く。
15 運動会では**恒例**の仮装行列が行われる。
16 祖父は家業を父に継がせて**隠居**した。
17 この荷は**慎重**に取り扱ってください。
18 彼は難解な理論を**瞬時**のうちに理解した。
19 日本人の身長は高くなる**傾向**にある。
20 自分勝手な行動をしないように**配慮**する。
21 粉ミルクを湯で**溶**かす。
22 一人ぼっちでは**寂**しい。
23 力を**込**めて太鼓をたたく。
24 校具を壊した生徒を**罰**する。
25 泣きだしそうな声で**訴**える。
26 息子は彼女との遊びに**忙**しい。
27 天気予報では午前中は**曇**りです。
28 軽率なことをしておしかりを**被**る。
29 **隣**は何をしている人なのか知りません。
30 母は姉にピアノを習うように**勧**めた。

第7回

11 余**カ**を利用して英会話教室に通う。
12 京都の名**カ**をおみやげに頂いた。
（ア箇　イ菓　ウ過　エ暇　オ課）

13 溝を**ト**んで向こう側へわたる。
14 事情を説明して誤解を**ト**く。
15 犯人は口を**ト**ざしたままだ。
（ア飛　イ富　ウ解　エ閉　オ跳）

(三)

1～5の三つの□に**共通する漢字**を入れて熟語を作れ。漢字は**ア～コ**から**一つ**選び、**記号**を記せ。

10点（2×5）

1 融□・物□・□金
2 □誌・混□・□用
3 □害・□難・被□
4 振□・再□・□隆
5 □地・表□・実□

ア 師	イ 雑	ウ 豊	エ 現	オ 迷
カ 災	キ 武	ク 資	ケ 興	コ 再

(四)

熟語の構成のしかたには次のようなものがある。

20点
2×10

ア　同じような意味の漢字を重ねたもの　（道路）
イ　反対または対応の意味を表す字を重ねたもの　（前後）
ウ　上の字が下の字を修飾しているもの　（紅葉）
エ　下の字が上の字の目的語・補語になっているもの　（育児）
オ　上の字が下の字の意味を打ち消しているもの　（無害）

次の熟語は、右のア～オのどれにあたるか、一つ選び、記号で記せ。

1 敬称（　）
2 功罪（　）
3 監視（　）
4 更衣（　）
5 安危（　）
6 到達（　）
7 被害（　）
8 授受（　）
9 空欄（　）
10 不正（　）

(六)

後の□内のひらがなを漢字に直して、対義語・類義語を作れ。□内のひらがなは一度だけ使い、漢字一字を記入せよ。

20点
2×10

対義語

沈静－興[1]（　）
摘発－看[2]（　）
到着－出[3]（　）
敏腕－[4]能（　）
普通－[5]別（　）

類義語

貯蓄－貯[6]（　）
追憶－[7]想（　）
尾行－追[8]（　）
方途－[9]段（　）
屈指－有[10]（　）

五

次の漢字の**部首**を**ア～エ**から**一つ**選び、**記号**で記せ。

10点 1×10

1 翼（ア 田　イ 羽　ウ 二　エ 八）（　）

2 暦（ア 日　イ 厂　ウ 木　エ 一）（　）

3 療（ア 广　イ 大　ウ 小　エ 疒）（　）

4 濁（ア 罒　イ 勹　ウ 氵　エ 虫）（　）

5 弾（ア 弓　イ ⺍　ウ 田　エ 十）（　）

6 曇（ア 雨　イ 日　ウ 二　エ ム）（　）

7 噴（ア 口　イ 十　ウ 艹　エ 貝）（　）

8 盗（ア 冫　イ 欠　ウ 皿　エ 一）（　）

9 脱（ア 月　イ 八　ウ 口　エ 儿）（　）

10 蚕（ア 二　イ 虫　ウ 大　エ 一）（　）

きん・ふん・せき・む・かい・か・
しゅ・ぱつ・すう・とく

七

次の——線の**カタカナ**を**漢字一字**と**送りがな（ひらがな）**に直せ。

〈例〉誕生日に友達をヨブ。（呼ぶ）

10点 2×5

1 母のセーターを**アム**。（　）

2 三人の子供を**ヤシナウ**。（　）

3 はっきりと意見を**ノベル**。（　）

4 彼とは**ヒサシク**会っていない。（　）

5 先生に**ユルシ**をもらって早退する。（　）

(八) 文中の**四字熟語**の――線の**カタカナ**を**漢字**に直せ。

20点 2×10

1 **言ゴ道断**の振る舞い。（　）
2 **取捨セン択**して決定する。（　）
3 委員長に**即ダン即決**を迫る。（　）
4 借金を抱えて**アオ息吐息**だ。（　）
5 **優柔フ断**さが破談の原因だ。（　）
6 **論旨明カイ**な解説をする講師だ。（　）
7 **奮励ド力**のかいあって合格する。（　）
8 よい返事をもらって**喜色マン面**だ。（　）
9 **イ志堅固**で少々の説得では落ちない。（　）
10 卒業まで**一意専シン**して学業にしょう進する。（　）

(十) 次の――線の**カタカナ**を**漢字**に直せ。

40点 2×20

1 救急薬品をジョウビする。（　）
2 政府の組織をサイヘンする。（　）
3 試合はランセン模様になる。（　）
4 討論を終わってサイケツする。（　）
5 最後までがん張るイシの強い人。（　）
6 母は客のオウセツに忙しい。（　）
7 一晩中ボウフウが吹きあれる。（　）
8 失敗しそうないやなヨカンがした。（　）
9 市が騒音防止のジョウレイを制定した。（　）
10 近くの公園をのんびりサンサクする。（　）

(九) 次の各文にまちがって使われている**同じ読みの漢字**が**一字**ある。**上に誤字**を、**下に正しい漢字**を記せ。

10点 2×5

1 私たちは長い間隣国との国好再開を念願しておりました。（　・　）

2 経済政策の目標は国民の経済厚政を最大化することである。（　・　）

3 政府・日銀による一帯となった脱デフレ政策の強化が求められる。（　・　）

4 事故の処理をめぐって政府は重大な極面に立たされている。（　・　）

5 万年催用難の業種で応募者が増えたという話は聞かない。（　・　）

---

11 **キテイ**の手続きをすませて入会する。（　）

12 弱くなったチームの**サイケン**をはかる。（　）

13 二人で**レンケイ**してトラブルを処理する。（　）

14 春になって日が**ノ**びた。（　）

15 手は**ツネ**に清潔に保とう。（　）

16 大切な事を書き**ト**めておく。（　）

17 懐中電灯で暗やみを**テ**らす。（　）

18 どうすれば勝てるか作戦を**ネ**る。（　）

19 生徒を**ヒキ**いて社会科見学に行く。（　）

20 音楽室には防音装置が**ソナ**わっている。（　）

第7回

第8回 模擬試験

試験時間 60分

合格基準 140点

得点 /200点

(一)

次の——線の漢字の読みをひらがなで記せ。 30点（1×30）

1 レジで**支払**いをすませる。（　）
2 **秀麗**な富士の姿が現れた。（　）
3 **寸暇**をおしんで勉強する。（　）
4 新聞が事件の真相を**暴露**する。（　）
5 **鮮度**が落ちるとまずくなる。（　）
6 犬や猫は驚くほど音に**鋭敏**だ。（　）
7 幼稚園の時のことを**追憶**する。（　）
8 明日の朝は六時に**起床**します。（　）
9 あの投手のボールには**威力**がある。（　）
10 **路傍**にひっそりと咲く野の花。（　）
11 資源は**無尽**にあるわけではない。（　）
12 スピードを**制御**する装置をつける。（　）
13 **精鋭**ぞろいの強いチームができた。（　）

(二)

次の——線の**カタカナ**にあてはまる漢字をそれぞれの**ア〜オ**から**一つ**選び、**記号**を記せ。 30点（2×15）

1 彼は委員長として**テキ**任だ。（　）
2 論証の不備な点を指**テキ**する。（　）
3 葉の上の水**テキ**が光を反射する。（　）
（ア 的　イ 敵　ウ 滴　エ 適　オ 摘）

4 高**ソウ**の説教を聞く。（　）
5 冬は空気が乾**ソウ**する。（　）
6 戦後各地で**ソウ**乱が起こった。（　）
（ア 僧　イ 装　ウ 層　エ 騒　オ 燥）

7 提出された書類を審**サ**する。（　）
8 両者の考え方は**サ**異が大きい。（　）
9 経営不振で工場が閉**サ**された。（　）
（ア 差　イ 砂　ウ 鎖　エ 左　オ 査）

10 都心の**キョウ**小な土地を購入する。（　）

14 彼は人情の**機微**に通じた劇作家だ。（　）

15 期待がはずれてすっかり**消沈**している。（　）

16 自由の女神はアメリカの**象徴**である。（　）

17 学校の**名誉**を傷つける行為はしない。（　）

18 工場の建設を中止するよう**勧告**された。（　）

19 彼の力強い演技は他の選手を**圧倒**した。（　）

20 この列車は次の駅で特急に**連絡**している。（　）

21 監督とコーチを**兼**ねる。（　）

22 自動車のかげに身を**隠**す。（　）

23 滝の音がごうごうと**響**く。（　）

24 助けを求めて大声で**叫**ぶ。（　）

25 悲しみと怒りが**嘆**きに変わる。（　）

26 本社から**偉**い人が視察に来る。（　）

27 先生に進学の**悩**みを打ち明ける。（　）

28 とびが大きな**翼**を広げて大空を飛ぶ。（　）

29 何ひとつ不自由のない**豊**かな暮らし。（　）

30 代表選手に選ばれたことを**誇**りに思う。（　）

11 新車の発表会が活**キョウ**をていする。（　）

12 わざわざお越しいただき**キョウ**縮です。（　）

（ア 恐　イ 協　ウ 狭　エ 京　オ 況）

13 時計の針は十二時を**サ**していた。（　）

14 すずめばちは怒らせると人を**サ**す。（　）

15 ラッシュアワーを**サ**けて早く出る。（　）

（ア 指　イ 始　ウ 避　エ 施　オ 刺）

（三）

1〜5の三つの□に**共通する漢字**を入れて熟語を作れ。漢字は**ア〜コ**から**一つ**選び、**記号**を記せ。

□／10点（2×5）

1 □演・□習・開□（　）

2 軽□・増□・□税（　）

3 □格・□値・評□（　）

4 □能・□決・□否（　）

5 開□・□技・熱□（　）

ア 河	イ 可	ウ 容	エ 講	オ 幹
カ 減	キ 務	ク 演	ケ 恩	コ 価

(四)

熟語の構成のしかたには次のようなものがある。

20点 2×10

ア　同じような意味の漢字を重ねたもの　（**道路**）
イ　反対または対応の意味を表す字を重ねたもの　（**前後**）
ウ　上の字が下の字を修飾しているもの　（**紅葉**）
エ　下の字が上の字の目的語・補語になっているもの　（**育児**）
オ　上の字が下の字の意味を打ち消しているもの　（**無害**）

次の熟語は、右の**ア～オ**のどれにあたるか、**一つ**選び、**記号**で記せ。

1　鮮明（　　）
2　瞬間（　　）
3　贈答（　　）
4　耐震（　　）
5　不況（　　）
6　帰途（　　）
7　尋問（　　）
8　離合（　　）
9　詳述（　　）
10　迫真（　　）

(六)

後の□内のひらがなを漢字に直して、**対義語**・**類義語**を作れ。□内のひらがなは一度だけ使い、**漢字一字**を記入せよ。

20点 2×10

対義語

平凡－［1］凡（　　）
劣勢－［2］勢（　　）
違反－遵［3］（　　）
検挙－釈［4］（　　）
防御－攻［5］（　　）

類義語

露見－発［6］（　　）
一般－普［7］（　　）
倒壊－［8］壊（　　）
処罰－［9］裁（　　）
円熟－［10］練（　　）

(五)

次の漢字の**部首**を**ア〜エ**から**一つ**選び、**記号**で記せ。

10点 1×10

1 響（ア 阝 イ 日 ウ 艮 エ 音）（　）
2 撃（ア 殳 イ 手 ウ 車 エ 几）（　）
3 恵（ア 一 イ 田 ウ 心 エ 十）（　）
4 香（ア 香 イ ノ ウ 木 エ 日）（　）
5 端（ア 山 イ 立 ウ 而 エ 亠）（　）
6 蓄（ア 玄 イ 田 ウ 亠 エ 艹）（　）
7 援（ア 爫 イ 二 ウ 扌 エ 又）（　）
8 鋭（ア 金 イ 八 ウ 口 エ 儿）（　）
9 越（ア 土 イ 人 ウ 戈 エ 走）（　）
10 将（ア 亅 イ 寸 ウ 爫 エ ノ）（　）

ほう・かく・しゅ・つう・ろう・ゆう・せい・ひ・けっ・げき

(七)

次の――線の**カタカナ**を**漢字一字と送りがな（ひらがな）**に直せ。

10点 2×5

〈例〉誕生日に友達をヨブ。（呼ぶ）

1 父のことばを心に**トメル**。（　）
2 古い家が軒を**ツラネ**ている。（　）
3 自治会の会長を**ツトメル**。（　）
4 自転車を買ってと父を**セメル**。（　）
5 母にうまい知恵を**サズケテ**もらう。（　）

第8回

(八)

文中の**四字熟語**の――線の**カタカナ**を**漢字**に直せ。

20点 2×10

1 **独断セン行**で突っ走る。（　　）
2 どの意見も**大同小イ**だ。（　　）
3 **新シン気鋭**の新人を迎える。（　　）
4 **意シ薄弱**でチャンスを逃す。（　　）
5 **大アン吉日**を選び式を挙げる。（　　）
6 彼女は**才色ケン備**の女流作家だ。（　　）
7 娘のピアノは**三カ坊主**に終わった。（　　）
8 食事も忘れて**無我ム中**で取り組む。（　　）
9 目を見張るような**縦横無ジン**の活躍ぶり。（　　）
10 登山は**用イ周到**に準備する必要がある。（　　）

(十)

次の――線の**カタカナ**を**漢字**に直せ。

40点 2×20

1 **ネダン**が高くて買えない。（　　）
2 正しい**シセイ**で正座する。（　　）
3 伝染病の**ケイロ**を調べる。（　　）
4 別荘でしばらく**セイヨウ**する。（　　）
5 他国の政治を**カンショウ**する。（　　）
6 力を**カゲン**してボールを投げる。（　　）
7 明日の試合は**ラッカン**できない。（　　）
8 スポーツに**キョウミ**を持っている。（　　）
9 人口が集中して都市が**ヒダイ**する。（　　）
10 製品を**キカク**どおりの大きさに作る。（　　）

九 次の各文にまちがって使われている**同じ読みの漢字**が**一字**ある。**上に誤字**を、**下に正しい漢字**を記せ。

10点 2×5

1 今度のサミットで首脳同志が貿易問題で会談する予定だ。（　・　）

2 女ばかりではなく夫婦が供力して育児することが望ましい。（　・　）

3 今年は各地で水害が発生しそのため米の生産にも映響が出た。（　・　）

4 中選挙区制のメリットは少数政党も議席が確得しやすい点にある。（　・　）

5 日本外交を立て直すためには長期的な戦略的思野に立つ必要がある。（　・　）

11 今それを買うのは**トクサク**ではない。（　）

12 通信に関する**ギジュツ**の進歩は速い。（　）

13 クラス全員の身体検査の**トウケイ**を調べる。（　）

14 自動車の運転に**ナ**れる。（　）

15 日ごろの**ワザ**を競い合う。（　）

16 アルプスの山々が**ツラ**なる。（　）

17 **ナサ**けない成績でいやになる。（　）

18 友達と別れてから二年が**ス**ぎる。（　）

19 明日返すという条件で本を**カ**りる。（　）

20 一点差で試合に負けくやしくて**ナ**いた。（　）

第8回

第9回 模擬試験

試験時間 60分

合格基準 140点

得点 ／200点

一

次の——線の**漢字の読み**を**ひらがな**で記せ。

30点 1×30

1 選者の講評を**載録**する。（　　）

2 発表の**一瞬**が待たれる。（　　）

3 インカの遺跡を**踏査**する。（　　）

4 水が**浸透**するのを未然に防ぐ。（　　）

5 話の**主旨**は理解できました。（　　）

6 子供っぽい**遊戯**に夢中になる。（　　）

7 長年の**執念**が実って成功する。（　　）

8 道路をアスファルトで**舗装**する。（　　）

9 バクテリアは**微細**な生物である。（　　）

10 高い山の上は空気が**希薄**である。（　　）

11 **悲惨**な戦争を二度と繰り返すな。（　　）

12 夜は町内を警察官が**巡回**している。（　　）

13 まず**基盤**をしっかり固めるべきだ。（　　）

二

次の——線の**カタカナ**にあてはまる漢字をそれぞれの**ア〜オ**から**一つ**選び、**記号**を記せ。

30点 2×15

1 古都の**キュウ**跡を訪ね歩く。（　　）

2 長い歳月で砂**キュウ**が生じる。（　　）

3 結論については言**キュウ**を避ける。（　　）

（ア 吸　イ 及　ウ 丘　エ 久　オ 旧）

4 同窓会の会費を**チョウ**収する。（　　）

5 満**チョウ**の時に台風が上陸した。（　　）

6 朝の清**チョウ**な空気を胸いっぱいに吸う。（　　）

（ア 澄　イ 調　ウ 潮　エ 頂　オ 徴）

7 国家の**サイ**入が不足する。（　　）

8 投書が雑誌に掲**サイ**される。（　　）

9 彼女はプレーに生**サイ**を欠いていた。（　　）

（ア 彩　イ 済　ウ 載　エ 裁　オ 歳）

10 パーティーに備えて室内を装**ショク**する。（　　）

14 子供が生まれたのを機に禁煙した。（　　）

15 力士の怪力ぶりに驚異の目を見張る。（　　）

16 土砂くずれの恐れがあるため避難した。（　　）

17 自分の立場をよく認識して行動する。（　　）

18 これは業務用なので市販されていない。（　　）

19 この小説の人間関係の描写は濃密である。（　　）

20 先生のことならはっきり記憶に残っている。（　　）

21 軒から雨の滴が落ちる。（　　）

22 心を込めて看護にあたる。（　　）

23 出された料理を皆食べた。（　　）

24 草に降りた露が朝日に輝く。（　　）

25 厳しい監視のなかを抜け出す。（　　）

26 ご期待に添うようがん張ります。（　　）

27 カーテンを透かして外をのぞく。（　　）

28 庭に穴を掘って生ごみを埋める。（　　）

29 その舶来品は国産品より品質が劣る。（　　）

30 言葉を慎むように母から言われた。（　　）

11 彼はさまざまなショク種を経験した。（　　）

12 法律に抵ショクするようなことは行わない。（　　）

（ア 職　イ 飾　ウ 織　エ 触　オ 植）

13 心をコめて看護にあたる。（　　）

14 コいこがれて病気のようになる。（　　）

15 山をいくつもコえて隣の村に行く。（　　）

（ア 込　イ 呼　ウ 越　エ 故　オ 恋）

(三) 1〜5の三つの□に**共通する漢字**を入れて熟語を作れ。漢字は**ア〜コ**から**一つ**選び、**記号**を記せ。

10点 2×5

1 適□・□対・□答（　　）

2 □業・□利・経□（　　）

3 容□・平□・安□（　　）

4 □師・謝□・□情（　　）

5 経□・□失・超□（　　）

ア 易	イ 貿	ウ 余	エ 恩	オ 応
カ 益	キ 過	ク 預	ケ 略	コ 営

第9回

(四)

熟語の構成のしかたには次のようなものがある。

20点 2×10

ア　同じような意味の漢字を重ねたもの　（**道路**）
イ　反対または対応の意味を表す字を重ねたもの　（**前後**）
ウ　上の字が下の字を修飾しているもの　（**紅葉**）
エ　下の字が上の字の目的語・補語になっているもの　（**育児**）
オ　上の字が下の字の意味を打ち消しているもの　（**無害**）

次の熟語は、右の**ア～オ**のどれにあたるか、**一つ**選び、**記号**で記せ。

1 乱獲（　）
2 興亡（　）
3 添加（　）
4 噴火（　）
5 不備（　）
6 抵触（　）
7 避難（　）
8 救助（　）
9 細大（　）
10 普及（　）

(六)

後の□内のひらがなを漢字に直して、**対義語**・**類義語**を作れ。□内のひらがなは一度だけ使い、**漢字一字**を記入せよ。

20点 2×10

対義語

却下－受[1]
希薄－濃[2]
継承－断[3]
豪華－[4]弱
惨敗－[5]勝

類義語

介抱－看[6]
堤防－[7]手
及第－合[8]
周到－入[9]
前途－[10]来

1（　）
2（　）
3（　）
4（　）
5（　）
6（　）
7（　）
8（　）
9（　）
10（　）

(五) 次の漢字の**部首**をア〜エから**一つ**選び、**記号**で記せ。

10点 1×10

1 鼓（ア 鼓　イ 支　ウ 士　エ 口）（　）
2 項（ア 工　イ 八　ウ 頁　エ 目）（　）
3 賦（ア 弋　イ 貝　ウ 止　エ 丶）（　）
4 戒（ア 廾　イ 丶　ウ 弋　エ 戈）（　）
5 爆（ア 火　イ 日　ウ 氺　エ 八）（　）
6 鑑（ア 臣　イ 金　ウ 皿　エ 二）（　）
7 環（ア 罒　イ 一　ウ 口　エ 王）（　）
8 獲（ア 艹　イ 隹　ウ 犭　エ 又）（　）
9 驚（ア 馬　イ 艹　ウ 攵　エ 勹）（　）
10 憲（ア 宀　イ 王　ウ 心　エ 罒）（　）

こう・かく・ひん・ご・ぜつ・り・ねん・らく・しょう・ど

(七) 次の――線の**カタカナ**を**漢字一字**と**送りがな（ひらがな）**に直せ。

10点 2×5

〈例〉誕生日に友達をヨブ。（呼ぶ）

1 早めに仕事を**スマス**。（　）
2 自分のミスを**アヤマル**。（　）
3 いつまでも若さを**タモツ**。（　）
4 大学院で国文学の課程を**オサメタ**。（　）
5 **ヨロコンデ**行かせていただきます。（　）

(八) 文中の**四字熟語**の――線の**カタカナ**を**漢字**に直せ。

20点 2×10

1 難問に**アク**戦苦闘する。（　）
2 一刀**リョウ**断の処置を取る。（　）
3 論功**コウ**賞により栄転した。（　）
4 ぼやを大火とは針小棒**ダイ**だ。（　）
5 前人**ミ**到の分野を切り開く。（　）
6 何を言っても馬**ジ**東風である。（　）
7 七転八**トウ**の痛みに救急車を頼む。（　）
8 三拝**キュウ**拝して資金を出してもらう。（　）
9 枝葉末**セツ**にこだわって全体を見ない。（　）
10 私の田舎は自**キュウ**自足の生活をしている。（　）

(十) 次の――線の**カタカナ**を**漢字**に直せ。

40点 2×20

1 自分の意見を**コシュ**する。（　）
2 書類は**セイカク**に書くこと。（　）
3 熱心に議論を**テンカイ**する。（　）
4 安全対策について**トウギ**した。（　）
5 図書係に**テキニン**の人を選ぶ。（　）
6 **アイサイ**をともなって旅に出た。（　）
7 時間**ゲンシュ**をいつも心がけている。（　）
8 会社設立の資金を**チョウタツ**する。（　）
9 朝ねぼうが**ジョウシュウ**になった。（　）
10 **カッコ**とした信念を持って行動する。（　）

(九) 次の各文にまちがって使われている**同じ読みの漢字**が**一字**ある。**上に誤字**を、**下に正しい漢字**を記せ。

10点 2×5

1 留学生と日本人学生が交歓するための会を起画している。（　・　）

2 明治以降日本は日英同明によって発展してきたといってよい。（　・　）

3 技術者・研究者については世界中で獲得競走が起きている。（　・　）

4 この高速道路は最終区間の工事が完了しまもなく全通する余定だ。（　・　）

5 小選挙区制が道入されて十四年が経過し五回の総選挙を経験した。（　・　）

11 うそをついて**ジセキ**の念にかられる。（　）

12 日本文化の**デントウ**を子孫に伝える。（　）

13 ファンファーレが大会の**ジョマク**をつげた。（　）

14 旅先の宿で一晩**ト**まる。（　）

15 早起きの習慣を**ツヅ**ける。（　）

16 私は体操部に**ゾク**している。（　）

17 仏さまに花と果物を**ソナ**える。（　）

18 工場内への立ち入りを**キン**じる。（　）

19 委員長には実行力に**ト**む人を選ぶ。（　）

20 悪いと思ったら**イサギヨ**く謝りなさい。（　）

第9回

第10回 模擬試験

試験時間 60分

合格基準 140点

得点 /200点

(一)

次の――線の**漢字の読み**をひらがなで記せ。

30点 1×30

1 世界の平和を**祈念**する。

2 バントで**手堅**く攻める。

3 救助を求めて**絶叫**する。

4 態度に**奇異**な感じを受ける。

5 業界の業績は**全般**に不調だ。

6 彼は**端正**で品のある字を書く。

7 国語辞典の**監修**をお願いする。

8 **放漫**な経営で会社が倒産した。

9 交通機関のストライキを**回避**する。

10 制服は会社から**給与**されます。

11 テレビで事故現場の**惨状**を見る。

12 人生の**前途**には多くの困難がある。

13 このイラストは**俗悪**で程度が悪い。

(二)

次の――線の**カタカナ**にあてはまる漢字をそれぞれの**ア～オ**から**一つ**選び、**記**号を記せ。

30点 2×15

1 禁**エン**タイムを設ける。

2 祖母は**エン**起をかつぐ。

3 難民を支**エン**する運動に加わる。

(ア 援　イ 演　ウ 沿　エ 縁　オ 煙)

4 日がさをさして直**シャ**日光を避ける。

5 工場の事故について社長が住民に陳**シャ**する。

6 ピサの**シャ**塔は今にも倒れそうに見える。

(ア 斜　イ 煮　ウ 射　エ 謝　オ 捨)

7 彼は学内でも指折りの**シュウ**オだ。

8 ピッチャー強**シュウ**のヒットを打つ。

9 混乱した事態をなんとか**シュウ**拾する。

(ア 収　イ 宗　ウ 襲　エ 秀　オ 修)

10 この建物は**タイ**火建築になっている。

14 先日の会で**奥様**にお会いしました。（　）

15 都市と地方との賃金には**格差**がある。（　）

16 彼らは**暗黙**のうちに許し合っていた。（　）

17 パッケージデザインが**類似**している。（　）

18 この高校は昔から名士を**輩出**している。（　）

19 父は経営の**手腕**を買われて社長になった。（　）

20 国税局は脱税したとしてA社を**摘発**した。（　）

21 いやな予感に**襲**われる。（　）

22 **峰**から吹き下ろす強い風。（　）

23 雪が降るなんて**珍**しいね。（　）

24 紙が水を**含**んで重たくなる。（　）

25 髪を短く**刈**ってさっぱりした。（　）

26 お寺にお参りすると心が**澄**む。（　）

27 友達との別れのつらさに**耐**える。（　）

28 新聞記者が事故現場に**詰**めかけた。（　）

29 退職する先輩から事務を引き**継**いだ。（　）

30 新しいテレビは画面が**鮮**やかに見える。（　）

11 **タイ**借対照表では黒字になっている。（　）

12 列車が不通のため代**タイ**バスを運行する。（　）

（ア 貸　イ 態　ウ 耐　エ 退　オ 替）

13 太陽が日食で**カ**ける。（　）

14 駅まで全速力で**カ**ける。（　）

15 水をやるのを忘れて花が**カ**れた。（　）

（ア 狩　イ 枯　ウ 欠　エ 替　オ 駆）

（三）

1〜5の三つの□に**共通する漢字**を入れて熟語を作れ。漢字は**ア〜コ**から**一つ**選び、**記号**を記せ。

10点 2×5

1 □護・熱□・□明（　）

2 □富・□作・□満（　）

3 空□・密□・□送（　）

4 遺□・保□・居□（　）

5 □格・□産・走□（　）

ア 豊	イ 確	ウ 則	エ 留	オ 弁
カ 序	キ 犯	ク 輸	ケ 再	コ 破

第10回

(四)

熟語の構成のしかたには次のようなものがある。

20点 2×10

ア　同じような意味の漢字を重ねたもの　（**道路**）
イ　反対または対応の意味を表す字を重ねたもの　（**前後**）
ウ　上の字が下の字を修飾しているもの　（**紅葉**）
エ　下の字が上の字の目的語・補語になっているもの　（**育児**）
オ　上の字が下の字の意味を打ち消しているもの　（**無害**）

次の熟語は、右の**ア〜オ**のどれにあたるか、**一つ**選び、**記号**で記せ。

1 首尾（　　）
2 親友（　　）
3 繁茂（　　）
4 乾杯（　　）
5 需給（　　）
6 無言（　　）
7 依頼（　　）
8 喜怒（　　）
9 速記（　　）
10 起床（　　）

(六)

後の□内のひらがなを漢字に直して、**対義語・類義語**を作れ。□内のひらがなは一度だけ使い、**漢字一字**を記入せよ。

20点 2×10

対義語

記憶 ― [1] 却
新鋭 ― [2] 豪
相違 ― 一 [3]
巨大 ― 微 [4]
冷淡 ― [5] 切

類義語

互角 ― [6] 等
弁解 ― 釈 [7]
沈黙 ― 無 [8]
沈着 ― 冷 [9]
考慮 ― [10] 案

1（　　）
2（　　）
3（　　）
4（　　）
5（　　）
6（　　）
7（　　）
8（　　）
9（　　）
10（　　）

10点 1×10

(五) 次の漢字の部首をア～エから一つ選び、記号で記せ。

1 膚（ア 虍　イ 田　ウ 卜　エ 肉）（　　）
2 恒（ア 一　イ 忄　ウ 日　エ 二）（　　）
3 範（ア 㔾　イ 車　ウ ⺮　エ 田）（　　）
4 微（ア 彳　イ 夂　ウ 山　エ 儿）（　　）
5 趣（ア 土　イ 耳　ウ 走　エ 又）（　　）
6 蓄（ア 玄　イ 田　ウ 亠　エ 艹）（　　）
7 脚（ア 卩　イ 月　ウ 土　エ 厶）（　　）
8 薪（ア 艹　イ 立　ウ 木　エ 斤）（　　）
9 疲（ア 广　イ 冫　ウ 皮　エ 疒）（　　）
10 裁（ア 土　イ 衣　ウ 戈　エ 丶）（　　）

ち・さい・せい・たい・ごん・しん・めい・ぼう・こ・し

10点 2×5

(七) 次の――線のカタカナを漢字一字と送りがな（ひらがな）に直せ。

〈例〉誕生日に友達をヨブ。（呼ぶ）

1 精も根も尽き**ハテル**。（　　）
2 その本を貸して**ホシイ**。（　　）
3 母に**コトワッ**て外出する。（　　）
4 私は犬を二匹**カッ**ている。（　　）
5 大人として**ノゾマシク**ない行動だ。（　　）

第10回

(八) 文中の**四字熟語**の——線の**カタカナ**を**漢字**に直せ。

20点 2×10

1 **不眠不キュウ**で看護をする。（　　）
2 **熟慮断コウ**を迫られる。（　　）
3 **難ギョウ苦行**のすえ完成する。（　　）
4 合格の報を**半シン半疑**で聞く。（　　）
5 **起シ回生**のホームランを打つ。（　　）
6 **時代錯ゴ**の考え方を振り回す。（　　）
7 酒に酔って**前後フ覚**におちいる。（　　）
8 経済不況に**無為無サク**は許されない。（　　）
9 日曜日は**千客バン来**で母は多忙だ。（　　）
10 故郷の家で**晴耕ウ読**の日々を送ろう。（　　）

(十) 次の——線の**カタカナ**を**漢字**に直せ。

40点 2×20

1 作文の**ジク**の誤りを直す。（　　）
2 兄と負けずに**ロンセン**する。（　　）
3 健康こそ何よりの**ザイサン**だ。（　　）
4 試合前の選手を**ゲキレイ**する。（　　）
5 理由は**スイサツ**にまかせます。（　　）
6 在庫品を**ハカク**の値段で売る。（　　）
7 ジョギングは毎朝の**シュウカン**です。（　　）
8 三人が**レンタイ**して保証人になる。（　　）
9 反対意見を述べた人を**テキシ**する。（　　）
10 どうして失敗したのか**ギモン**に思う。（　　）

(九) 次の各文にまちがって使われている**同じ読みの漢字**が**一字**ある。**上に誤字**を、**下に正しい漢字**を記せ。

10点 2×5

1 資源の少ない国は外国からの輸入に衣存せざるを得ない。（　・　）

2 歴史はどんな世界不況でも必ず回復することを証明している。（　・　）

3 野党が結束して与党に対抗できるだけの勢力確補を目指している。（　・　）

4 小選挙区制は二〇〇九年の政権交退もありまだ初期段階で混乱期にある。（　・　）

5 現在の中国は食糧と鋼物資源とエネルギーの消費量が世界一である。（　・　）

---

11 募集の目的に多くの人が**サンドウ**した。（　）

12 彼はいつも**カンソ**な身なりをしている。（　）

13 小学校のころからの**キュウユウ**に街で会った。（　）

14 利子なしでお金を**カ**す。（　）

15 出費をできるだけ**ハブ**く。（　）

16 パーティーに友達を**マネ**く。（　）

17 世界の国々の面積を**クラ**べる。（　）

18 おばとは**ヒサ**しく会っていない。（　）

19 職員室にコピーの機械を**ソナ**える。（　）

20 売り切れて**ケン**は一枚も残っていない。（　）

第10回

第11回 模擬試験

試験時間 60分

合格基準 140点

得点 ／200点

(一)

次の――線の**漢字の読み**を**ひらがな**で記せ。

30点 1×30

1 **歳月**は夢のように過ぎた。（　　）
2 町民が団結して**抵抗**する。（　　）
3 **恐怖**で気が遠くなりそう。（　　）
4 旅行先のホテルに**宿泊**する。（　　）
5 ニュースを聞いて**仰天**する。（　　）
6 講演するための**原稿**を作る。（　　）
7 地方裁判所に**訴状**を提出する。（　　）
8 **不朽**の名作を永く後世に残す。（　　）
9 この製品ならりっぱに**及第**です。（　　）
10 満員電車の中で胸を**圧迫**された。（　　）
11 **高慢**な態度はみんなに嫌われる。（　　）
12 この偽札は精巧だが**手触**りが違う。（　　）
13 窓には**透明**なガラスが入っている。（　　）

(二)

次の――線の**カタカナ**にあてはまる漢字をそれぞれの**ア～オ**から**一つ**選び、**記号**を記せ。

30点 2×15

1 両派の間に**カク**執が起こる。（　　）
2 相手チームとの戦力を比**カク**する。（　　）
3 チャンピオンへの挑戦権を**カク**得する。（　　）
（ア 獲　イ 較　ウ 革　エ 確　オ 覚）

4 先例を依**キョ**して判断する。（　　）
5 米中の**キョ**頭会談が行われる。（　　）
6 二人の考え方には**キョ**離がある。（　　）
（ア 拠　イ 許　ウ 巨　エ 居　オ 距）

7 前の発言と矛**ジュン**したことを言う。（　　）
8 今月下**ジュン**に大阪に出張する予定だ。（　　）
9 警備員が深夜にビルの中を**ジュン**回する。（　　）
（ア 旬　イ 準　ウ 盾　エ 純　オ 巡）

10 彼に**シ**激されてボランティアを始めた。（　　）

14 部屋でクラシック音楽を**鑑賞**する。（　　）
15 監督が大声で選手の士気を**鼓舞**する。（　　）
16 首相の**退陣**を迫る声が高まった。（　　）
17 **多忙**な人でなかなか連絡が取れない。（　　）
18 先生の話は家庭の問題にまで**言及**した。（　　）
19 人間は自然の**恩恵**を受けて生活している。（　　）
20 会議を開くために部長から**召集**がかかる。（　　）
21 危険を**冒**して出発する。（　　）
22 短い論文だが内容は**濃**い。（　　）
23 試合時間が三〇分**遅**れる。（　　）
24 逃げる犯人を**押**さえつける。（　　）
25 いつかは石油が**尽**きるだろう。（　　）
26 工事のために水道の水が**濁**る。（　　）
27 夏になるとプールの水を**替**える。（　　）
28 今後医学は**更**に進歩するだろう。（　　）
29 一日中野球の練習をしたので**疲**れた。（　　）
30 秋なのに桜の花が**狂**い咲きをしている。（　　）

11 この会の趣**シ**はみんなが楽しむことにある。（　　）
12 車窓から雪を頂く富士の雄**シ**をながめる。（　　）
（ア 支　イ 姿　ウ 至　エ 旨　オ 刺）
13 チームの勢いが**マ**す。（　　）
14 判断に主観が**マ**じる。（　　）
15 桜の花びらが春風に**マ**う。（　　）
（ア 混　イ 真　ウ 増　エ 間　オ 舞）

三

1～5の三つの□に**共通する漢字**を入れて熟語を作れ。漢字は**ア～コ**から**一つ**選び、**記号**を記せ。

10点 2×5

1 □動・□転・推□（　　）
2 消□・堤□・□止（　　）
3 □認・美□・内□（　　）
4 調□・検□・審□（　　）
5 □果・速□・□率（　　）

ア 測	イ 移	ウ 容	エ 報	オ 評
カ 効	キ 防	ク 保	ケ 査	コ 招

（四）

熟語の構成のしかたには次のようなものがある。

20点 2×10

ア　同じような意味の漢字を重ねたもの　（**道路**）

イ　反対または対応の意味を表す字を重ねたもの　（**前後**）

ウ　上の字が下の字を修飾しているもの　（**紅葉**）

エ　下の字が上の字の目的語・補語になっているもの　（**育児**）

オ　上の字が下の字の意味を打ち消しているもの　（**無害**）

次の熟語は、右の**ア～オ**のどれにあたるか、**一つ**選び、**記号**で記せ。

1　同等　（　　）

2　新婚　（　　）

3　優劣　（　　）

4　就寝　（　　）

5　無力　（　　）

6　師弟　（　　）

7　表現　（　　）

8　堅持　（　　）

9　加減　（　　）

10　離陸　（　　）

（六）

後の□内のひらがなを漢字に直して、**対義語・類義語**を作れ。□内のひらがなは一度だけ使い、**漢字一字**を記入せよ。

20点 2×10

対義語

近隣 ― 1 方　（　　）

需要 ― 2 給　（　　）

継続 ― 中 3　（　　）

老齢 ― 4 年　（　　）

分離 ― 結 5　（　　）

類義語

屈服 ― 降 6　（　　）

憶測 ― 7 量　（　　）

富豪 ― 8 者　（　　）

細心 ― 丹 9　（　　）

値段 ― 10 格　（　　）

(五)

次の漢字の**部首**を**ア～エ**から**一つ**選び、**記号**で記せ。

10点 1×10

1 麗（ア 比　イ 广　ウ 鹿　エ 一）（　）
2 腐（ア 广　イ 亻　ウ 寸　エ 肉）（　）
3 猛（ア 子　イ 犭　ウ 皿　エ ノ）（　）
4 稿（ア 亠　イ 口　ウ 禾　エ 冂）（　）
5 圏（ア 己　イ 人　ウ 二　エ 囗）（　）
6 壊（ア 土　イ 十　ウ 罒　エ 衣）（　）
7 傾（ア 匕　イ 亻　ウ 頁　エ 目）（　）
8 隣（ア 米　イ 舛　ウ 阝　エ 十）（　）
9 鎖（ア ⺍　イ 目　ウ 貝　エ 金）（　）
10 疑（ア 匕　イ 疋　ウ マ　エ 矢）（　）

よう・さん・きょう・すい・えん・
ねん・ちょう・ごう・だん・か

(七)

次の――線の**カタカナ**を**漢字一字**と**送りがな（ひらがな）**に直せ。

10点 2×5

〈例〉誕生日に友達をヨブ。（呼ぶ）

1 漢字にかながマジル。（　）
2 長さをものさしでハカル。（　）
3 設問にシタガッて答える。（　）
4 A社とB社の業績をクラベル。（　）
5 おじはリストラで職をウシナッた。（　）

第11回

(八) 文中の**四字熟語**の――線の**カタカナ**を**漢字**に直せ。

20点 2×10

1 **相思相アイ**で結ばれる。（　　）
2 **思慮フン別**をわきまえる。（　　）
3 **平シン低頭**して許しをこう。（　　）
4 **単刀直ニュウ**に言わせてもらう。（　　）
5 **意シ薄弱**でチャンスを逃す。（　　）
6 **無ネン無想**の境地で試合に臨む。（　　）
7 **創意ク夫**をこらして舞台を作る。（　　）
8 **電光石カ**の早業で犯人を逮捕する。（　　）
9 **付ワ雷同**せず自分の信念をつらぬき通す。（　　）
10 **才子カ人**の結婚と週刊誌でも話題になる。（　　）

(十) 次の――線の**カタカナ**を**漢字**に直せ。

40点 2×20

1 意見に大きな**サイ**がある。（　　）
2 彼は美術に**ゾウケイ**が深い。（　　）
3 **アツギ**のしすぎは健康に悪い。（　　）
4 **サイコウ**を要する重要な問題だ。（　　）
5 習いごとの**ゲッシャ**をはらう。（　　）
6 七〇点が合格の**キジュン**である。（　　）
7 本物とにせ物を**タイヒ**してみる。（　　）
8 自分の仕事に**ネツジョウ**をこめる。（　　）
9 しびれて足の**カンカク**がなくなる。（　　）
10 練習の**コウカ**があらわれて上達した。（　　）

(九) 次の各文にまちがって使われている**同じ読みの漢字**が**一字**ある。**上に誤字**を、**下に正しい漢字**を記せ。

10点 2×5

1 中国は一大工業国として貿易黒字を秘躍的に拡大させた。（　・　）

2 とどまるところを知らない環境破懐は深刻な課題である。（　・　）

3 役員全員で標議した結果この計画は見送ることになった。（　・　）

4 今は大量に国済を発行して強力な景気対策を打つべき時期だろう。（　・　）

5 ボランティアの医師が戦争での傷病者を求護するために派遣された。（　・　）

---

11 反乱を**チンアツ**して天下を統一した。（　）

12 **ジョブン**で小説の時代背景を説明する。（　）

13 横綱となって**コキョウ**へにしきをかざる。（　）

14 新幹線は**タシ**かに速い。（　）

15 スポーツに情熱を**モ**やす。（　）

16 恩師の言葉が心に**シ**みる。（　）

17 部屋の中には子供が三人**イ**る。（　）

18 今度は私が勝つとは**カギ**らない。（　）

19 自転車よりも自動車のほうが**ハヤ**い。（　）

20 自分の将来のことで今**マヨ**っています。（　）

第11回

第12回 模擬試験

試験時間 60分

合格基準 140点

得点 ／200点

(一)

次の――線の漢字の読みをひらがなで記せ。

30点 1×30

1 災害の**元凶**をつきとめる。（　）
2 この毛布は**感触**がいい。（　）
3 仏教の**戒律**をかたく守る。（　）
4 **初恋**の相手は生涯忘れない。（　）
5 木材をトラックで**運搬**する。（　）
6 国の**威信**にかかわる問題だ。（　）
7 きみの意見は**理屈**に合わない。（　）
8 右往左往する有様を**傍観**する。（　）
9 **相互**に譲り合って争いをおさめる。（　）
10 **騒音**がひどくて勉強ができない。（　）
11 健康を**維持**するために水泳をする。（　）
12 大雪の**影響**で交通がストップする。（　）
13 台風の**襲来**に備えて家を補修する。（　）

(二)

次の――線のカタカナにあてはまる漢字をそれぞれのア〜オから一つ選び、記号を記せ。

30点 2×15

1 彼の前**ト**は洋々たるものだ。（　）
2 土地を息子と娘に譲**ト**する。（　）
3 親友に向かって真情を**ト**露する。（　）
（ア途　イ徒　ウ都　エ吐　オ渡）

4 昼夜**ケン**行で道路を復旧する。（　）
5 真**ケン**に将来のことを考える。（　）
6 名人に比**ケン**する実力の持ち主。（　）
（ア剣　イ件　ウ兼　エ券　オ肩）

7 人民を**セン**動して暴動を起こす。（　）
8 スクリーンに**セン**明な画像が現れる。（　）
9 市場の独**セン**は法律で禁止されている。（　）
（ア選　イ占　ウ銭　エ鮮　オ扇）

10 結婚したら改**セイ**するのは不都合だ。（　）

14 自分の才能に**慢心**すると失敗する。（　）
15 同じ週刊誌を**継続**して購読する。（　）
16 **晩秋**の空はすんで気持ちがよい。（　）
17 犯人は警察官のすきをみて**逃走**した。（　）
18 遅くてもいいから**堅実**にやりなさい。（　）
19 テレビが故障したので修理を**依頼**した。（　）
20 **周到**に準備したので心配する必要はない。（　）
21 あの人の観察力は**鋭**い。（　）
22 行こうか行くまいか**惑**う。（　）
23 選挙に勝って政権を**握**る。（　）
24 **暇**つぶしに散歩に出かける。（　）
25 病院では院長がいちばん**偉**い。（　）
26 天下をとろうと都に**攻**め上る。（　）
27 どことなく**趣**のあるたたずまい。（　）
28 機嫌の悪い父は**怖**い顔をしている。（　）
29 赤ん坊は一日の半分以上**眠**っている。（　）
30 その窓からは緑色に**茂**る杉の木が見える。（　）

11 退職後は市**セイ**の人として晩年を過ごす。（　）
12 野球チームが海外へ遠**セイ**試合に出かける。（　）
（ア 井　イ 性　ウ 征　エ 制　オ 姓）

13 家の方角を**サ**して進む。（　）
14 布を**サ**いてぞうきんを作る。（　）
15 事件の報道のために紙面を**サ**く。（　）
（ア 割　イ 裂　ウ 指　エ 差　オ 刺）

(三)

1～5の三つの□に**共通する漢字**を入れて熟語を作れ。漢字は**ア～コ**から**一つ**選び、**記号**を記せ。

10点 2×5

1 危□・保□・□悪（　）
2 □定・□界・制□（　）
3 環□・心□・国□（　）
4 □集・□雄・大□（　）
5 □障・□意・事□（　）

ア 限	イ 券	ウ 群	エ 提	オ 編
カ 険	キ 境	ク 豊	ケ 故	コ 因

第12回

(四)

熟語の構成のしかたには次のようなものがある。

20点 2×10

ア　同じような意味の漢字を重ねたもの（**道路**）
イ　反対または対応の意味を表す字を重ねたもの（**前後**）
ウ　上の字が下の字を修飾しているもの（**紅葉**）
エ　下の字が上の字の目的語・補語になっているもの（**育児**）
オ　上の字が下の字の意味を打ち消しているもの（**無害**）

次の熟語は、右の**ア～オ**のどれにあたるか、**一つ**選び、**記号**で記せ。

1 因果（　）
2 販売（　）
3 握力（　）
4 離任（　）
5 無名（　）

6 強豪（　）
7 断続（　）
8 思慮（　）
9 激怒（　）
10 防災（　）

(六)

後の□内のひらがなを漢字に直して、**対義語・類義語**を作れ。□内のひらがなは一度だけ使い、**漢字一字**を記入せよ。

20点 2×10

対義語

盛夏―[1]冬
優良―劣[2]
逃亡―追[3]
強固―薄[4]
油断―[5]戒

類義語

風刺―[6]肉
基盤―土[7]
獲得―入[8]
手柄―[9]績
健康―丈[10]

1（　）
2（　）
3（　）
4（　）
5（　）
6（　）
7（　）
8（　）
9（　）
10（　）

(五) 次の漢字の部首をア～エから一つ選び、記号で記せ。

10点 1×10

1 搬（ア 舟　イ 扌　ウ 殳　エ 又）（　）
2 曇（ア 日　イ 雨　ウ 二　エ 厶）（　）
3 霧（ア 矛　イ 夂　ウ 力　エ 雨）（　）
4 薪（ア 立　イ 木　ウ 艹　エ 斤）（　）
5 環（ア 罒　イ 王　ウ 一　エ 衣）（　）
6 歳（ア 厂　イ 戈　ウ 小　エ 止）（　）
7 慎（ア 十　イ 目　ウ 忄　エ 八）（　）
8 贈（ア 貝　イ 八　ウ 田　エ 日）（　）
9 弾（ア ⺍　イ 田　ウ 弓　エ 十）（　）
10 至（ア 厶　イ 一　ウ 土　エ 至）（　）

じゃく・ひ・けい・ぶ・げん・せき・だい・しゅ・こう・あく

(七) 次の――線のカタカナを漢字一字と送りがな（ひらがな）に直せ。

10点 2×5

〈例〉誕生日に友達をヨブ。（呼ぶ）

1 村が雪にトザサれる。（　）
2 アツイもてなしを受ける。（　）
3 新幹線が新大阪をスギル。（　）
4 手術の成功をネガッていす。（　）
5 こんな簡単に負けるとはナサケナイ。（　）

第12回

(八) 文中の**四字熟語**の――線の**カタカナ**を**漢字**に直せ。

20点 2×10

1 **一トウ両断**の処置を取る。（　　）
2 **驚テン動地**の騒動となる。（　　）
3 **危キ一髪**で事故はまぬがれた。（　　）
4 今年の映画は**空前絶ゴ**の作品だ。（　　）
5 **一ネン発起**して家業に精を出す。（　　）
6 **誠シン誠意**付ききりで看病する。（　　）
7 **奇想天ガイ**な説が受け入れられる。（　　）
8 **一日セン秋**の思いで父の帰りを待つ。（　　）
9 優勝して**イ気揚揚**と引きあげる。（　　）
10 定年を機に**心機一テン**ピアノを習い始める。（　　）

(十) 次の――線の**カタカナ**を**漢字**に直せ。

40点 2×20

1 双方の**リガイ**がからむ。（　　）
2 受け入れ**タイセイ**を整える。（　　）
3 ジャングルを**タンケン**する。（　　）
4 ビデオで試合を**サイゲン**する。（　　）
5 生徒を整列させて**テンコ**する。（　　）
6 進路について**シンコク**になやむ。（　　）
7 城の**シュウフク**工事が始まった。（　　）
8 ケーキを三人で**キントウ**に分ける。（　　）
9 毎年火事による**ソンシツ**は大きい。（　　）
10 約束どおり期日に**ノウヒン**する。（　　）

(九) 次の各文にまちがって使われている**同じ読みの漢字**が**一字**ある。**上に誤字**を、**下に正しい漢字**を記せ。

10点 2×5

1 国が地方に配るカネとして地方交付税公付金がある。（　・　）

2 両国の首悩が水入らずで会談し親交をさらに深めた。（　・　）

3 日本の出生率は他の先進国と比べても低く危検水準に近い。（　・　）

4 事業計画は経営方針や企業利念を実現するための手段である。（　・　）

5 強い政治意思によって財制再建が実現すれば国債の発行も減る。（　・　）

11 引っ越した友人の**ジュウキョ**をさがす。（　）

12 けが人を見て助けないとは**ムジョウ**だ。（　）

13 研究者が見落としていた点に**チャクガン**する。（　）

14 食糧問題の解決を**ハカ**る。（　）

15 お店の信用を**キズ**つける。（　）

16 解答の**アヤマ**りを発見した。（　）

17 父は洋品店を**イトナ**んでいる。（　）

18 保存の状態が悪くかびが**ハ**えた。（　）

19 勇気を**フル**って相手に立ちむかった。（　）

20 堤防を築いて洪水による被害を**フセ**ぐ。（　）

第13回 模擬試験

試験時間 60分

合格基準 140点

得点 /200点

㈠

次の――線の漢字の読みをひらがなで記せ。

30点（1×30）

1 英語の文章を解釈する。（　）
2 雑踏の中で友達を見失う。（　）
3 休暇を取って帰省する。（　）
4 事故の原因を詳細に調べる。（　）
5 店内をうつくしく装飾する。（　）
6 空地に夏草が繁茂している。（　）
7 卓球の試合で九州へ遠征する。（　）
8 二人は恋愛の末に結ばれた。（　）
9 火山が噴火して溶岩が噴き出た。（　）
10 ビルの完成は来月初旬の予定です。（　）
11 プールで遊ぶ生徒の監視をする。（　）
12 科学技術を駆使して製品を作る。（　）
13 それではみなさん乾杯しましょう。（　）

㈡

次の――線のカタカナにあてはまる漢字をそれぞれのア～オから一つ選び、記号を記せ。

30点（2×15）

1 光キに満ちた一生を送る。（　）
2 合格キ願の絵馬を奉納する。（　）
3 一代のキオと言われた名優。（　）
（ア鬼　イ機　ウ揮　エ輝　オ祈）

4 運動会の競技シュ目が決まる。（　）
5 野シュに富んだ山菜料理を味わう。（　）
6 生徒の作文に先生がシュ筆を入れる。（　）
（ア取　イ種　ウ趣　エ酒　オ朱）

7 目的に合チした行動をとる。（　）
8 きたない公園は大都市のチ部だ。（　）
9 資金不足で工事が大幅にチ延している。（　）
（ア遅　イ値　ウ置　エ致　オ恥）

10 逆キョウに耐えられる強い心を持つ。（　）

14 草花を細かい部分まで描写する。（　）
15 審判のアウトという判定に抗議する。（　）
16 彼の作品の中では秀作といえよう。（　）
17 ひじをついて食べるのは行儀が悪い。（　）
18 どちらのペンが書きよいかを比較する。（　）
19 是非とも成功してもらわねばならない。（　）
20 絵のコンクールで金賞の栄誉にかがやく。（　）
21 優勝する見込みが濃い。（　）
22 朝までぐっすりと眠った。（　）
23 全部で幾らになりますか。（　）
24 本を返すように友達に迫る。（　）
25 一人一人に役割を与える。（　）
26 澄んだ湖の色がまぶたに残る。（　）
27 底引きあみで多くのえびを捕る。（　）
28 母の日にはカーネーションを贈る。（　）
29 夜中に公園で少年たちが騒ぐ。（　）
30 彼女は恵まれた家庭でのびのびと育った。（　）

11 思いがけない幸運にキョウ喜する。（　）
12 読者の大きな反キョウがあった記事。（　）
（ア 胸　イ 境　ウ 郷　エ 響　オ 驚）

13 体が左右にフれないように歩く。（　）
14 歴史的な背景をフまえて議論する。（　）
15 この問題にも簡単にフれておこう。（　）
（ア 振　イ 触　ウ 降　エ 踏　オ 吹）

三

1～5の三つの□に**共通する漢字**を入れて熟語を作れ。漢字は**ア～コ**から**一つ**選び、**記号**を記せ。

10点 2×5

1 □送・□衛・救□（　）
2 温□・重□・□生（　）
3 □員・集□・結□（　）
4 常□・生□・姿□（　）
5 □度・工□・日□（　）

ア 厚	イ 程	ウ 刊	エ 往	オ 団
カ 独	キ 護	ク 統	ケ 態	コ 解

第13回

(四)

熟語の構成のしかたには次のようなものがある。

20点 2×10

ア　同じような意味の漢字を重ねたもの　（**道路**）
イ　反対または対応の意味を表す字を重ねたもの　（**前後**）
ウ　上の字が下の字を修飾しているもの　（**紅葉**）
エ　下の字が上の字の目的語・補語になっているもの　（**育児**）
オ　上の字が下の字の意味を打ち消しているもの　（**無害**）

次の熟語は、右の**ア～オ**のどれにあたるか、**一つ**選び、**記号**で記せ。

1　主従（　）
2　香水（　）
3　恩恵（　）
4　往来（　）
5　迎春（　）
6　堅固（　）
7　収支（　）
8　妙技（　）
9　反則（　）
10　無視（　）

(六)

後の□内のひらがなを漢字に直して、**対義語・類義語**を作れ。□内のひらがなは一度だけ使い、**漢字一字**を記入せよ。

20点 2×10

対義語

丈夫 ― 1 弱（　）
慎重 ― 2 率（　）
結束 ― 離 3（　）
直面 ― 4 避（　）
猛暑 ― 厳 5（　）

類義語

改定 ― 6 更（　）
隷属 ― 7 従（　）
路傍 ― 道 8（　）
抜群 ― 屈 9（　）
親類 ― 10 者（　）

五

次の漢字の**部首**を**ア〜エ**から**一つ**選び、**記号**で記せ。

10点 1×10

1 雌（ア 隹　イ 匕　ウ 止　エ 亻）（　）
2 乾（ア 十　イ 日　ウ 乙　エ ノ）（　）
3 載（ア 土　イ 戈　ウ 弋　エ 車）（　）
4 罰（ア 言　イ 罒　ウ 刂　エ 亅）（　）
5 避（ア 尸　イ 立　ウ 辶　エ 十）（　）
6 濁（ア 氵　イ 罒　ウ 勹　エ 虫）（　）
7 獲（ア 艹　イ 隹　ウ 又　エ 犭）（　）
8 隠（ア 心　イ 阝　ウ 爫　エ ノ）（　）
9 瞬（ア 爫　イ 冖　ウ 目　エ 舛）（　）
10 尋（ア 工　イ 口　ウ 二　エ 寸）（　）

かい・へん・けい・ばた・かん・
ふく・びょう・し・はん・えん

七

次の——線の**カタカナ**を**漢字一字**と**送りがな（ひらがな）**に直せ。

10点 2×5

〈例〉誕生日に友達をヨブ。（呼ぶ）

1 感謝の気持ちを**シメス**。（　）
2 城の周囲に石垣を**キズク**。（　）
3 一席**モウケ**て客をもてなす。（　）
4 人間の一生を航海に**タトエル**。（　）
5 父はやっと姉の結婚を**ミトメ**た。（　）

(八) 文中の**四字熟語**の――線の**カタカナ**を**漢字**に直せ。

20点 2×10

1 人間の心は千サ万別だ。（　　）
2 生涯真実イチ路をつらぬく。（　　）
3 一挙一ドウに注目が集まる。（　　）
4 敵にかこまれて孤立ム援だ。（　　）
5 子供のけがはニチ常茶飯のことだ。（　　）
6 独リツ自尊の精神が旺盛である。（　　）
7 長い沈シ黙考の果ての発言だった。（　　）
8 適者セイ存という厳しい現実がある。（　　）
9 天地神メイにちかってうそはつかない。（　　）
10 合格の報に歓天喜チのありさまとなる。（　　）

(十) 次の――線の**カタカナ**を**漢字**に直せ。

40点 2×20

1 世の中をキヨウに渡る。（　　）
2 ヨウダイが急に悪くなった。（　　）
3 この部屋は立入キンシです。（　　）
4 新しい雑誌がハッカンされる。（　　）
5 人間のヨクボウはきりがない。（　　）
6 大使がニンキを終えて帰国する。（　　）
7 停電で工事にシショウをきたす。（　　）
8 行事のニッテイを手帳に書きこむ。（　　）
9 狭いので施設をカクチョウした。（　　）
10 ピッチャーのヨウセイに力を入れる。（　　）

(九) 次の各文にまちがって使われている**同じ読みの漢字**が**一字**ある。**上に誤字**を、**下に正しい漢字**を記せ。

10点 2×5

1 新しい環境基準の制定についてはなお検討の予地がある。（　・　）

2 初めての長編小説が新聞の夕刊に連裁されることが決まった。（　・　）

3 友人の注告を聞かずに無理な投資をしてひどい損失を出した。（　・　）

4 特種部隊は監禁場所から人質を無事救出することに成功した。（　・　）

5 有力紙は今回の選挙では野党が票をのばすだろうと看測している。（　・　）

11 電話で**ヨウケン**を手短に伝えよう。（　）

12 **メンキョ**がないので車は運転できない。（　）

13 彼は中国に留学したいと**ネツボウ**している。（　）

14 注射で痛みが**オサ**まった。（　）

15 へいの上から飛び**オ**りる。（　）

16 川の流れに**サカ**らって泳ぐ。（　）

17 みんなに集合時間を**ツタ**える。（　）

18 ハイキングに**テキ**した靴を選ぶ。（　）

19 ごみを**チ**らかさないように注意する。（　）

20 小さい子が注射をいやがって**アバ**れている。（　）

第13回

第14回 模擬試験

試験時間 60分

合格基準 140点

得点 /200点

(一)

次の――線の漢字の読みをひらがなで記せ。

30点 1×30

1 窓ガラスに**水滴**がつく。（　）
2 舞台の大道具を**搬入**する。（　）
3 **近隣**とのトラブルに悩む。（　）
4 供給が**需要**に追いつかない。（　）
5 さまざまな**憶測**が乱れ飛ぶ。（　）
6 この村には**珍奇**な風習がある。（　）
7 **縁故**関係で会社に採用された。（　）
8 試合の**途中**で雨が降り出した。（　）
9 姉は会社の先輩と**婚約**しました。（　）
10 **奇抜**なファッションに身を包む。（　）
11 狭い**範囲**に人口が密集している。（　）
12 決勝に残ったチームの力は**互角**だ。（　）
13 **唐突**にそんなことを言われても困る。（　）

(二)

次の――線のカタカナにあてはまる漢字をそれぞれのア〜オから一つ選び、記号を記せ。

30点 2×15

1 あなたとは**カン**点が違う。（　）
2 全コースを全員で**カン**走した。（　）
3 毎日朝食を**カン**単にすませる。（　）
（ア 完　イ 感　ウ 慣　エ 簡　オ 観）

4 胃腸で養分を**キュウ**収する。（　）
5 料金の値下げを要**キュウ**する。（　）
6 おぼれている人を**キュウ**助する。（　）
（ア 吸　イ 急　ウ 求　エ 救　オ 給）

7 政局が**コン**迷の度を深める。（　）
8 二年付き合ってから**コン**約した。（　）
9 **コン**難に勇気をもって立ち向かう。（　）
（ア 今　イ 困　ウ 根　エ 混　オ 婚）

10 新刊雑誌の編集方**シン**を決める。（　）

14 文学部に入って国文学を**専攻**する。（　　）
15 **状況**が変わったので計画を変更する。（　　）
16 オートバイが**爆音**をひびかせて走る。（　　）
17 各方面からたくさんの**反響**があった。（　　）
18 この洋服が気に入り買おうと**即決**した。（　　）
19 **熱狂**した観客がグランドになだれ込んだ。（　　）
20 医師の資格がないのに診察するのは**違法**だ。（　　）
21 水たまりを**避**けて通る。（　　）
22 おばは美人の**誉**れが高い。（　　）
23 枯れて変色した葉を**摘**む。（　　）
24 シャワーを浴びて**汗**を流す。（　　）
25 海底に**沈**んだ船を引きあげる。（　　）
26 リレーは紅組が上位を**占**めた。（　　）
27 タバコの煙で室内の空気が**濁**る。（　　）
28 交通事故の相手の運転手を**訴**える。（　　）
29 野球チームは全力を**尽**して戦った。（　　）
30 同じ失敗をくり返すまいと自分を**戒**めた。（　　）

11 冬に備え**シン**炭を十分用意しておく。（　　）
12 今朝の地震では**シン**度は五と発表された。（　　）
（ア 薪　イ 針　ウ 真　エ 震　オ 信）
13 永遠に**ク**ちることのない名を残した。（　　）
14 **ク**れないうちにはやく帰りなさい。（　　）
15 万障お**ク**り合わせのうえご出席ください。（　　）
（ア 暮　イ 食　ウ 朽　エ 組　オ 繰）

三

1～5の三つの□に**共通する漢字**を入れて熟語を作れ。漢字は**ア～コ**から**一つ**選び、**記号**を記せ。

10点 2×5

1 長□・耐□・永□（　　）
2 □容・□可・免□（　　）
3 解□・厳□・□止（　　）
4 □白・簡□・清□（　　）
5 □設・□国・再□（　　）

ア 序	イ 許	ウ 災	エ 潔	オ 貧
カ 久	キ 禁	ク 解	ケ 格	コ 建

(四)

熟語の構成のしかたには次のようなものがある。

20点 2×10

ア　同じような意味の漢字を重ねたもの　（道路）
イ　反対または対応の意味を表す字を重ねたもの　（前後）
ウ　上の字が下の字を修飾しているもの　（紅葉）
エ　下の字が上の字の目的語・補語になっているもの　（育児）
オ　上の字が下の字の意味を打ち消しているもの　（無害）

次の熟語は、右のア〜オのどれにあたるか、一つ選び、記号で記せ。

1 無欲（　）
2 新人（　）
3 永久（　）
4 冒険（　）
5 始末（　）

6 高低（　）
7 超越（　）
8 去就（　）
9 甘言（　）
10 追跡（　）

(六)

後の□内のひらがなを漢字に直して、対義語・類義語を作れ。□内のひらがなは一度だけ使い、漢字一字を記入せよ。

20点 2×10

対義語

消費―[1]蓄
停泊―航[2]
好調―[3]振
冒頭―[4]尾
凶暴―温[5]

類義語

途絶―中[6]
周到―[7]念
専有―[8]占
匹敵―同[9]
即刻―早[10]

1（　）
2（　）
3（　）
4（　）
5（　）
6（　）
7（　）
8（　）
9（　）
10（　）

(五)

次の漢字の**部首**を**ア〜エ**から**一つ**選び、**記号**で記せ。

10点 1×10

1 壱（ア 匕　イ 士　ウ 冖　エ 十）（　）
2 添（ア ⺣　イ 氵　ウ ノ　エ 大）（　）
3 脱（ア 八　イ 口　ウ 儿　エ 月）（　）
4 突（ア 八　イ 穴　ウ 宀　エ 大）（　）
5 輩（ア 非　イ 車　ウ 二　エ 田）（　）
6 盾（ア 目　イ 十　ウ ノ　エ 厂）（　）
7 賦（ア 戈　イ 貝　ウ 止　エ 丶）（　）
8 襲（ア 立　イ 月　ウ 匚　エ 衣）（　）
9 寂（ア 又　イ 小　ウ 宀　エ ト）（　）
10 革（ア 艹　イ 革　ウ 十　エ 二）（　）

まつ・にゅう・ふ・とう・ちょ・どく・こう・そく・だん・わ

(七)

次の——線の**カタカナ**を**漢字一字と送りがな（ひらがな）**に直せ。

10点 2×5

〈例〉誕生日に友達をヨブ。（呼ぶ）

1 年内の完成は**アヤブマ**れる。（　）
2 友人の忠告を**シリゾケル**。（　）
3 運動会に**ソナエ**て練習する。（　）
4 **コマカイ**過ちには目をつぶる。（　）
5 うそかほんとうか**タシカメル**。（　）

(八)

文中の**四字熟語**の――線の**カタカナ**を**漢字**に直せ。

20点 2×10

1 前後フ覚に眠り続ける。（　　）
2 事件の一部シ終を話す。（　　）
3 当イ即妙の受け答えをする。（　　）
4 社長の即ダン即決を迫る。（　　）
5 是ヒ曲直の判断を求められる。（　　）
6 事の成り行きに一キ一憂する。（　　）
7 小シン翼翼として日々を送る。（　　）
8 病状は一シン一退で回復を懸念する。（　　）
9 ここだけの話で他言ム用に願います。（　　）
10 多事多ナンな年も数日を残すのみとなった。（　　）

(十)

次の――線の**カタカナ**を**漢字**に直せ。

40点 2×20

1 まいごを警察でホゴする。（　　）
2 レンヤおそくまで勉強する。（　　）
3 姉は編み物にヨネンがない。（　　）
4 地味でシッソな生活をする。（　　）
5 わがままなセイカクを直す。（　　）
6 大きなサイガイにみまわれる。（　　）
7 会社から制服のタイヨを受ける。（　　）
8 午前中は面会をシャゼツします。（　　）
9 ヨセンを勝ちぬいて決勝に残る。（　　）
10 運動会の日はカイセイにめぐまれた。（　　）

(九) 次の各文にまちがって使われている**同じ読みの漢字**が**一字**ある。**上に誤字**を、**下に正しい漢字**を記せ。

10点 2×5

1 委員会は制度改正の示案を来春までにまとめる予定である。（　・　）

2 性急に政治に不満をぶつければますます政治は機能不善になる。（　・　）

3 いろいろな視点から物事を見て総合的に判段することが重要だ。（　・　）

4 人口減や住民の高令化は町や学校の未来に暗い影を落としている。（　・　）

5 国民の向学心・向上心と国家的な危機意識の間には強い関係がある。（　・　）

11 仕事が**ジセイ**の波に乗って成功した。（　）

12 体のコンディションを**チョウセイ**する。（　）

13 火事の現場でけが人の**キュウゴ**に当たる。（　）

14 知らない町で道に**マヨ**う。（　）

15 早起きの習慣を**ツヅ**ける。（　）

16 早く全快するように**ネガ**う。（　）

17 お年寄りの優先席を**モウ**ける。（　）

18 父は医者に注意され酒を**タ**った。（　）

19 からすが**ムラ**がって畑に降りてきた。（　）

20 大雨で川の流れが**イキオ**いを増している。（　）

模擬試験得点チェック表

[設問事項]	(一)漢字の読み	(二)同音・同訓異字	(三)漢字の識別	(四)熟語の構成	(五)部首	(六)対義語・類義語	(七)送りがな	(八)四字熟語	(九)誤字訂正	(十)漢字の書き取り	模擬試験を解き得点を記入しましょう。学習計画にお役立て下さい。
第1回 月 日	/30	/30	/10	/20	/10	/20	/10	/20	/10	/40	＝ 合計点 /200点
第2回 月 日	/30	/30	/10	/20	/10	/20	/10	/20	/10	/40	＝ 合計点 /200点
第3回 月 日	/30	/30	/10	/20	/10	/20	/10	/20	/10	/40	＝ 合計点 /200点
第4回 月 日	/30	/30	/10	/20	/10	/20	/10	/20	/10	/40	＝ 合計点 /200点
第5回 月 日	/30	/30	/10	/20	/10	/20	/10	/20	/10	/40	＝ 合計点 /200点
第6回 月 日	/30	/30	/10	/20	/10	/20	/10	/20	/10	/40	＝ 合計点 /200点
第7回 月 日	/30	/30	/10	/20	/10	/20	/10	/20	/10	/40	＝ 合計点 /200点
第8回 月 日	/30	/30	/10	/20	/10	/20	/10	/20	/10	/40	＝ 合計点 /200点
第9回 月 日	/30	/30	/10	/20	/10	/20	/10	/20	/10	/40	＝ 合計点 /200点
第10回 月 日	/30	/30	/10	/20	/10	/20	/10	/20	/10	/40	＝ 合計点 /200点
第11回 月 日	/30	/30	/10	/20	/10	/20	/10	/20	/10	/40	＝ 合計点 /200点
第12回 月 日	/30	/30	/10	/20	/10	/20	/10	/20	/10	/40	＝ 合計点 /200点
第13回 月 日	/30	/30	/10	/20	/10	/20	/10	/20	/10	/40	＝ 合計点 /200点
第14回 月 日	/30	/30	/10	/20	/10	/20	/10	/20	/10	/40	＝ 合計点 /200点

著者略歴
大内田　三郎（おおうちだ・さぶろう）
大阪市立大学名誉教授　文学博士
大阪市立大学大学院博士課程修了
中国語学・日中言語比較論専攻

著　書
1「中国語の基礎」光生館
2「新中国語入門」駿河台出版社
3「中国児童読物選」白帝社
4「中国童話読物選」駿河台出版社
5「基本表現中国語作文」駿河台出版社
6「現代中国語」駿河台出版社
7「困った時の中国語」駿河台出版社
8「中級読物　中国歴史物語」駿河台出版社
9「チィエンタン中国語20課」駿河台出版社
10「基礎からよくわかる中国語文法参考書」駿河台出版社
11「基本文型150で覚える中国語」駿河台出版社
12「初歩から始める中国語」駿河台出版社
13「中国語検定―予想問題と解説」（1級～準4級）　駿河台出版社
14「日常会話で学ぶ中国語」駿河台出版社
15「聞く、話す、読む、基礎から着実に身につく中国語」駿河台出版社
16「初級から中級へ　話せて使える中国語」駿河台出版社
17「実用ビジネス中国語会話」駿河台出版社
18「中検合格のための傾向と対策」（2級、3級、4級　準4級）　駿河台出版社
19「中検模擬試験問題集リスニング対策編」（3級、4級）駿河台出版社
20「学生のための中国語」駿河台出版社

完全対策！ 漢字検定 模擬試験問題集　4級

2011年11月15日　初版　第1刷発行

著　者　　大内田　三郎
発行者　　井田洋二
発行所　　株式会社　駿河台出版社
〒101-0062　東京都千代田区神田駿河台3-7
TEL：03-3291-1676　　FAX：03-3291-1675
振替00190-3-56669番
E-mail：edit@e-surugadai.com
URL：http://www.e-surugadai.com

製版 フォレスト／印刷 三友印刷
装丁 小熊未央
ISBN978-4-411-04105-0 C2081